微观经济学基础与实务

主　编　江　昀
副主编　王婵娟　杨祎明
主　审　张延强　路　明

哈爾濱工程大學出版社
Harbin Engineering University Press

内容简介

本书结合高职教育特点将微观经济学的基础知识进行简化,将博大精深的经济学概念变得浅显易懂;通过最基本的供给、需求、价格、均衡等概念的讲解,为学生打下坚实的经济学知识基础。在学生的理解能力和课程知识讲述上寻找平衡点,以大量的例子结合来说明理论。尽可能地为每个概念找到实际生活中大家熟悉的例子,特别是回应社会热点问题,加强学生对理论知识的实际应用能力。

本书适合经济类相关专业的高职学生选用。

图书在版编目(CIP)数据

微观经济学基础与实务/江昀主编.—哈尔滨:哈尔滨工程大学出版社,2018.12
ISBN 978-7-5661-2178-3

Ⅰ.①微… Ⅱ.①江… Ⅲ.①微观经济学 Ⅳ.①F016

中国版本图书馆CIP数据核字(2018)第286151号

选题策划 夏飞洋
责任编辑 夏飞洋
封面设计 李海波

出版发行 哈尔滨工程大学出版社
社　　址 哈尔滨市南岗区南通大街145号
邮政编码 150001
发行电话 0451-82519328
传　　真 0451-82519699
经　　销 新华书店
印　　刷 北京中石油彩色印刷有限责任公司
开　　本 787 mm×960 mm 1/16
印　　张 15
字　　数 259千字
版　　次 2018年12月第1版
印　　次 2018年12月第1次印刷
定　　价 45.00元
http://www.hrbeupress.com
E-mail:heupress@hrbeu.edu.cn

前　言

在古希腊，经济（economy）这个术语的含义是“家庭管理”。简单地说，经济就是对物资的管理，是对人们生产、使用、处理、分配一切物资这个整体动态现象的总称。往小了说，是对一个家庭的管理；往大了说，是对一个国家在生产、储蓄、交换和分配的各项活动中的管理。尽管如今的经济学涵盖了方方面面的内容，但家庭和个人一直都是经济的根本。

经济学是一门年轻的社会科学。1776 年，经济学巨著《国民财富的性质和原因的研究》（*An Inquiry into the Nature and Causes of the Wealth of Nations*）（简称《国富论》）的问世，标志着经济学成为一门学科。作者亚当·斯密（英国）总结了近代初期各国资本主义发展的经验，并在批判吸收了当时有关重要经济理论的基础上，就整个国民经济发展过程提出了系统和专业的描述，被誉为“第一部系统的、伟大的经济学著作”。

像牛顿的理论对物理学的影响一样，亚当·斯密的经济学同样奠定了经济学理论的基础。被誉为经济学之父的亚当·斯密提出的依靠“看不见的手”管理经济、尽量减少政府干预的思想对每个国家的经济改革都有着重要的指导意义。看不见的手也称为无形的手，它形象地比喻出市场经济现象，即由个人非故意行为互相作用而产生的良好的社会秩序。简单地说就是每个人都会自发利用自身的优势来最大限度地满足个人的利益需求。尽管在此过程中，每个人都没有考虑到自己的行为对其他人及社会的影响，但是个人的行为却意外地促进了社会进步。人们在自发选择的过程当中逐渐形成了一种市场机制，这只看不见的手在无形之中控制着每个人的行为，使其不得不按照市场规律在健康有序的市场环境中运行。

就像物理学家解释万有引力定律一样，经济学家们也试图找到我们身边支配经济现象的一般规律，比如为什么有人要炫耀性消费？为什么会出现天价虾？为什么人们会选择背井离乡、不远千里来到城市工作？或是更加宏观的问题，比如政府应该怎么做才能使经济保持增长？为什么政府动向会影响外汇汇率？预算赤字会造成什么危机？

其实，经济学的概念并没什么神秘之处，它存在于每个人的日常生活当中。然而，就是因为经济学的核心是研究人类的经济活动、解释人类的经济行为，经济学的研究对象是人，经济学家也是人，所以要排除主观感情去客观分析经济活动和经济行为是非常困难的。因此，即便面对同一种经济现象，经济学家们也是众说纷纭、莫衷一是。

经济学分为微观经济学（microeconomics）与宏观经济学（macroeconomics）。追溯经济学发展的历史，从古典时期的经济学经典（如亚当·斯密的《国富论》、李嘉图的《政治经济学及赋税原理》等）到新古典时期的马歇尔《经济学原理》，一直没有明显地区分微观经济学和宏观经济学的概念。古典经济学主要分析了市场机制（价格）如何引导资源的使用进行生产，以及生产出来的商品销售所得到的收入又如何分配给参加生产的各项资源。然而，在美国经济大萧条时期，英国经济学家凯恩斯（John Maynard Keynes）撰写的《就业、利息和货币通论》（简称《通论》）中，提出了一套以整个国家的国民经济为分析对象、以政府干预市场为政策建议的理论。由此，传统经济学理论被命名为“微观经济学”，凯恩斯理论被命名为“宏观经济学”。

微观经济学更侧重于关注市场上的微观主体（个人与企业），而宏观经济学则更关注政府如何从国家整体的高度上监控国民经济。微观经济学通常以单个家庭、单个市场、单个生产者为研究对象，内容包括从生产、消费到分配这一系列经济环节中所涉及的活动内容；宏观经济学则主要研究总量市场，内容涵盖宏观经济学理论、经济政策及经济计量模型的内容，重视在遵循市场经济发展规律的前提下，注重政府的宏观调控从而实现经济资源的最优化配置，实现整个社会的福利最大化。

经济学非常有趣但是很难学，出版本书的目的是尽可能让经济学变得更加简单易懂。如果你能做到以下三点，就能像“经济学家那样思考”。

1. 课前预习＋课后总结。每个章节都附有核心概念的英文解释，你可以根据这些概念自行总结各个章节的核心知识点。

2. 多加练习＋定期复习。在每个章节的基础知识之后都附有英文习题及理论应用实践环节。通过这些训练，你能检查自己是否已经掌握了相关知识点，并检测你能否做到理论联系实际，将所学内容应用于现实问题的分析中。

3. 不要忽视现实世界的例子，要将经济学思维应用到日常生活当中，学会客观地分析问题，更好地理解自己的决策以及身边的社会热点问题。

考虑到受众群体为经济类相关专业的高职学生（如金融、工商管理、国际商务等），从多年教学经验中我们发现由于缺乏经济学的前期课程，学生在学习管理、金融相关知识的时候很难做到全面、深刻的理解，尤其是很难运用现代经济学的思维方式，去理解国家的大政方针，客观地利用相关法律法规定性、定量地评价社会热点问题。

本书将微观经济学的基础知识进行简化，将博大精深的经济学概念变得浅显易懂，从现代经济学的基本原理入手，通过最基本的供给、需求、价格、均衡等概念的解释，为学生打下坚实的经济学知识基础。在学生的理解能力和课程知识讲述上寻找平衡点，所以避免大量的公式推导过程和复杂的数学模型。同时，以大量的实例结合来说明理论，特别是回应社会热点问题，缩短学生与知识之间的距离感，加强理论联系实际。此外，每个章节都附有核心词回顾和配套英文习题，让学生在掌握原汁原味的微观经济学核心概念的同时，加强对理论知识的应用。

本书由江昀（北京政法职业学院）担任主编，王婵娟（贵州民族大学旅游与航空服务学院）及杨祎明担任副主编（北京爱迪学校）（负责习题），信风投资有限公司董事长张延强及申万宏源证券计划财务业务核算部经理路明担任主审，由哈尔滨工程大学出版社出版。本书得到了北京政法职业学院出版基金的大力支持以及相关院系领导的指导和帮助，在此一并致谢。

编 者

2018 年 7 月于北京

目　　录

第 1 章　经济学基础原理

1.1　经济学基础概念

1.1.1　选择

作为经济学十大原理之首，选择即是指在制定决策时人们在不同的目标当中进行权衡取舍（trade-offs）。在生活中，权衡取舍随处可见，即使是从未学习过经济学的人也会深有体会。例如，逛街时你同时看中了两件衣服，你会犹豫到底选择哪一件，今天晚餐吃意大利面还是兰州拉面，大学毕业后是选择继续读书深造还是工作，选择什么类型的工作。我们时时刻刻都会有意无意地运用经济学原理进行选择和取舍。

学习和研究经济学的意义在于帮助我们在权衡取舍中选出最优的方案。比如大学毕业之后，你找到了一份工作。有了固定工资之后，你会根据自己的收入水平、工作所付出的时间以及自己的喜好来决定买什么东西。可能你想买的东西很多，可惜工资就只有那么点，所以你总是觉得钱不够花。其实这里隐含着一个基本的经济事实：资源是有限的（工资是有限的），我们应该怎么做才能最有效地利用资源来满足我们的需要呢？

经济学（economics）研究的是一个社会如何利用有限的资源生产有价值的物品和劳务，并将它们在不同的人群中间进行分配。这个概念的背后隐藏着两个核心思想：稀缺性（scarcity）和效率（efficiency）。所谓稀缺性，也就是说资源是有限的；效率即我们必须最有效地使用有限的社会资源来满足人们的愿望和需要。

我们并不是生活在一个拥有无限可能性的乌托邦世界里，而是生活在一个充满着经济品稀缺的世界当中。那么我们应该如何有效地利用资源呢？相对于人们的欲望而言，我们想要的东西永远都是不够的，我们却没有那么多可用的资源。试想一下，如果资源是无限的，我们想要的东西应有尽有，那我们还需要煞费苦心地进行选择吗？就像我们前面所提到的选衣服的例子，如果资源(工资)是无限的，我们还会在两件衣服的选择之间发愁吗？不，我们根本不需要取舍，两件都买就行了。然而，正因为资源是稀缺的而人的欲望又是无限的，所以人们不得不有所取舍来进行选择。

经济学家从权衡的角度来看待选择：对比每个选项的成本与收益，整体效益最大的方案即为最佳方案。所以，如何权衡稀缺资源的分配正是现代经济学的精髓。英国经济学家莱昂内尔·罗宾斯(Lionel Robbins)认为"经济学是研究人类行为的科学，其核心是研究人的行为与稀缺资源的最终用途之间的联系[①]"。现在，我们分别从个人、家庭、企业和国家几个层面来理解选择。

1. 个人层面

我们以一个经济学专业的大学生为例。通常，一个刚进大学的大一新生将会学习很多课程，有公共基础课(如高等数学、计算机等)，也有专业基础课(如经济学基础等)。可是，一天的时间就只有 24 小时，所以他必须思考如何分配最宝贵的学习时间，他可以选择将全部时间花在经济学的学习上，也可以将全部时间花在高等数学的学习上，或者将时间在这两门学科之间进行平均分配。假如他花 1 小时的时间去学习经济学，那么他就必须放弃本来可以用于学习高等数学的 1 小时时间，反之亦然。如果他将所有的学习时间全部用来学经济学，那么他用在高等数学上的学习时间肯定就少，他的高等数学就有可能因为学习时间和精力投入太少而学得非常糟糕，甚至会影响到今后经济学专业高级课程(如计量经济学等)的学习。此外，他所面临的选择不仅仅是涉及学科与学科之间的学习时间分配，他还需要在学习和休闲娱乐之间进行抉择。时间有限，他该如何在学习和生活之间保持平衡呢？如何最高效地利用这些时间去做他想做的事情呢？例如，如果他在学习上多花 1 小时，这就意味着他将放弃原本可以用于打游戏的(休闲)1 小时时间。总之，他必须选择如何分配有限的资源(时间)从而让自己受益最大。

2. 家庭层面

一般来说，一个家庭的开销基本上会用在购买食物、衣服或者旅游，抑或是储蓄一部分收入以备将来就医或退休或子女们读书之用。如今，很多家庭都会

---

① 《论经济科学的性质与意义》，*An Essay on the Nature and Significance of Economic Science*。

给小孩报各种补习班，每月支出数万甚至数十万元不等。加大在子女教育上的投入，必然会影响这些家庭在其他方面的支出。因为当他们在一种商品或服务上得多花出一元钱，在收入不变的情况下，就意味着他们在另外一种商品或服务上少花一元钱。所以，我们就很好地理解了为什么有的家庭会发出“为了补习班，勒紧裤腰带”的感叹，所谓鱼和熊掌不能兼得就是这个道理。

3. 企业层面

在提倡绿色环保、强调环境保护的今天，法律法规规定企业必须减少污染排放，所以企业不得不加大在节能减排上的投入力度。由此，企业生产商品和服务的成本就必然会增加，从而产生一系列连锁反应：企业利润减少了，支付员工的工资降低了，所生产的商品价格也会提高，或者是这些后果同时出现。尽管污染管制给我们带来了更加清洁的环境，但其代价是使受管制企业的企业主、员工和消费者的收入都减少了。

4. 国家层面

即便是国家也同样面临着各种不同的选择，其中比较经典的是“大炮和黄油”之间的权衡。一个国家把更多的钱投入到国防（大炮）用于保护自己的国土不受外敌侵略，那么投入到改善国内生活水平的消费部分（黄油）势必就会减少。现实生活中，国家的确需要权衡利弊、全盘考虑一国的财政支出问题。在市场经济条件下，政府为了维持社会的安定和谐、国家机器的正常运转、生态环境和经济环境的合理改善等问题而进行必要的投入，包括科技、国防、社会保障补助、基本建设等方方面面。关系国计民生，政府需要权衡轻重合理利用财政资金，找到最优选择以满足国家各项工作及职能需要。

当政府制定政策时，常常会面临着在两个相互冲突的目标之间的选择，即效率（efficiency）和平等（equality）。效率是指社会从它的稀缺资源中获得最大收益。平等是指这些收益在社会成员之间的平均分配。如果我们把一个国家的经济比喻成一个蛋糕的话，效率是指经济蛋糕的大小，而公平是指如何切分这块蛋糕。最完美的情况是蛋糕越大越好，蛋糕分给每个人时越平均越好。然而，这两个目标却是互相冲突的。例如，很多政策的目标是使财富分配更公平，如个人所得税，要求高收入人群比其他人缴纳更多的税。这些政策在实现更高公平性时，却降低了效率。当政府将收入进行再分配（从富人那里再分配给穷人）时，这种做法削弱了努力工作的回报。结果，人们的工作积极性降低，工作时间变得更少,商品和服务生产量减少。换句话说,当政府试图将经济蛋糕切得更平均时,蛋糕本身就变小了。

1.1.2 机会成本

由于人们面临着权衡取舍,所以,往往在决策时会比较所有可行方案的成本和收益,最终挑选出最优选择。然而,无论我们如何选择,在任何选择中我们难免会放弃一些东西。经济学家认为,人们为了得到某件东西而放弃的其他东西的价值就是机会成本。

机会成本(opportunity cost),又称为替代性成本、择一成本,是指经济决策过程中,因选取了某一方案而放弃另一方案所付出的代价或丧失的潜在利益。机会成本的概念有助于我们明确资源是否得到了最佳利用。然而,在很多情形下,某些行动的成本并非那么明确。例如,大学毕业时,我们是选择继续考研还是工作呢?继续深造的主要收益是学历水平的提高和拥有更好的工作机会的可能。可是,你要付出的成本是什么呢?不仅仅是学费、书本费、住宿膳食费等费用的总和,还有机会成本。这时的机会成本是指如果你当时选择了工作,每个月的工资就是你选择读书的机会成本。

明白了经济学中的选择性和机会成本的概念,就能够帮助我们更好地分析在何种情况下做出何种选择。经济学家认为最好的选择来自于理性的比较。无论是小至人生道路的选择、企业经营战略的设定,还是大至国家大政方针政策的制定,都要有一个策略选择的问题。有选择是好事,每个人都希望自己能有选择,但是选择太多也是一件为难的事情,到底应该怎么选才是最好的呢?人们都希望自己的选择是正确的,即使不是最好的,至少也是比较好的。到底我们应该怎么做才能帮助我们进行选择呢?步骤很简单:①列出所有可以采取的行动;②分析每个行动可能会产生的后果;③评估每种结果可能发生的概率;④自己对每种结果的渴望程度;⑤选择。人生就是一个不断选择的过程,首先你要明白自己想要什么,然后计算成本和收益、评估风险,也就是看这件事情到底值不值得去做,选好之后,全力以赴做到最好。

1.1.3 理性假设与边际思考

人性假定是经济学的第一块基石,经济学的大厦就建筑在这块假设的基石之上。所谓理性假设就是假定人们是充满理性的(rationality)。经济学家认为人们都是理性人,具备一定的逻辑和一贯性,能够理性判断各种经济变量对经济的影响。这一概念最早是由意大利经济学家帕累托①所提出的,亚当·斯密将这一思想作为《国富论》研究的出发点和基础。这种自利行为源于个人自身内在的生物学和心理学动因。就像米尔顿·费里德曼②(Milton Friedman)所提出的观点一样,植物朝着太阳生长,因为叶子需要阳光来进行光合作用,所以向阳的那一面叶子会长得更加茂盛。换句话说,经济学家们认为人是自私的,人与植物一样,会尽可能地以最小代价达到最佳效果。在经济学理论中,自私和理性是同一个意思。经济学家的理性假设是以人们能够收集并评估获取的信息为前提的。也就是说,人们能够全面了解不同商品或服务的价格和特性,并且能够轻而易举地获得最佳的选择方案。但事实上,完全信息假设并不符合现实状况,而且人们往往反复无常,十分感性,常常根据自己以往的经验来做决定。

经济学家使用边际变动(marginal)这个术语来表示对某个已存在方案的微小增量的调整。边际变动源于数学,它表示在事情的边缘处所做的微小调整。边际分析法是经济学里最重要的分析方法之一。经济学的基本假定是理性,经济学家用数学里求极值的方法来表达这个假定。理性人在决策时通常要把边际收益(marginal revenue)与边际成本(marginal costs)进行比较。有些难以用其他方法解释的经济现象,用边际进行解释则会比较容易。如经济学里的经典例子——钻石和水的问题:为什么水那么便宜而钻石那么昂贵?价格悬殊的原因在于人们对商品的支付意愿,取决于额外增加一单位该商品所产生的边际收益,边际收益又取决于人们已经拥有的该商品数量。尽管水对生命来说是必需的,但是由于地球上的水很多,所以额外增加一杯水的边际收益却很小。相反,钻石并非生存必需的,但由于钻石非常稀缺,人们认为额外增加一粒钻石的边际收益很大。当商品的边际收益大于它的边际成本时,理性决策者才会选择做这件事。

---

① 维弗雷多·帕累托(Vilfredo Pareto),意大利经济学家、社会学家,洛桑学派的主要代表之一。

② 米尔顿·弗里德曼(Milton Friedman),美国当代经济学家、芝加哥经济学派代表人物之一,货币学派的代表人物,1976年获诺贝尔经济学奖。他对消费分析、货币供应理论及历史和稳定政策复杂性等方面有着巨大贡献。

1.1.4 激励

激励(incentive)是指诱使或迫使人们做某件事情的诱因,例如可能的惩罚或奖励。由于理性人在决策时会比较边际成本和边际收益,他们会在对比研究各种可能的结果之后对激励做出反应。激励在日常生活中比比皆是,例如,很多家长会告诉小孩:“如果你考试考了100分,我就给你买你喜欢的乐高玩具。”尽管这种做法存在诸多弊端,但是很多家长却乐此不疲地这么做,因为这种激励的效果往往立竿见影,小孩会立即自觉地认真学习和复习,就是希望能考到满分买到心爱的玩具。

在市场经济中,激励也无处不在。例如,如果猕猴桃涨价,从买方(消费者)角度来看,理性人的自然反应肯定是决定少买一些猕猴桃。但是,从卖方(生产者)来看,果农看见猕猴桃价格飞涨,很有可能会决定多雇佣一些工人、多摘一些猕猴桃,甚至可能会加大投资希望增加来年的猕猴桃产量,多赚些钱。此时我们看到了价格变化对消费者和生产者行为的不同影响,也就是说,面对同样的激励,人们的角度不同,所做出的反应也是不一样的。

再来看一个例子,我们来想想看为什么我们能在淡季买到打折机票呢?对于航空公司而言,安排一个航班(如燃油、机场、飞行员和乘务员等)需要一大笔钱。无论该航班有多少乘客,这笔钱都是航空公司必须支付的。对于航空公司而言,无论飞机上坐满了乘客或是乘客寥寥无几,它都必须按照既定的航线在规定时间内照常飞行。所以,如果飞机上有很多空座位,那么航空公司岂不是会亏本很多?为了吸引更多的人购买机票,挽回损失,航空公司该怎么办呢?理性的企业会使用各种促销手段,加大宣传力度,增加机票的销售量。对于消费者而言,打折促销这种激励是利好的,大家都愿意少花钱。而企业通过这种激励来影响消费者的行为,让乘客低价购买机票搭乘航班捞回一些损失何乐而不为呢。

从国家层面来看激励,公共政策制定者可以较好地利用政策对激励的影响来改变人们面对的成本和收益时的选择,从而改变人们的行为。例如,政府为了保护环境,提倡节能减排,对电动汽车给予了很多优惠政策和补助。尽管电动汽车还有很多技术不够成熟的地方,但是很多人仍会选择购买电动汽车。另外,政府采取提高市区停车费用的办法,可以鼓励人们拼车或选乘公共交通,这样可以大大地缓解市区交通拥堵和停车困难的现象。

1.1.5 偏好与效用

经济学家认为一个人的幸福程度取决于他的偏好是否得到满足。偏好(preference)是微观经济学中的一个基础概念,指消费者对某一种商品或服务的需求。人的偏好是有差异的,即所谓“萝卜白菜各有所爱”。偏好是主观的,也是相对的。主观是因为它是个人对与事物的评价,相对是因为一个人的主观偏好会随着时间的推移而变化,受到诸多因素的影响,如原有的习惯、身体条件的变化、工作环境的改变和社会环境影响等。

效用(utility)这个概念与偏好息息相关。同样的东西对不同的人而言会产生不同的效用。在给定的可自行选择的前提下,理性人会有条理地而且有目的地尽自己所能来实现自己的目标。

在学习经济学的过程中,你会发现企业需要决定雇佣劳工的数量以及决定生产和销售的产品数量来实现利润最大化。对于个人而言,无论是把钱花出去(购买食物或旅游等)还是选择把钱存起来,所有的决定都是为了实现效用最大化。在消费领域,效用这一概念用来衡量消费者获得满足或幸福的程度。某一种商品或服务对消费者是否具有效用,取决于消费者是否有购买这种商品或使用这种服务的欲望,以及这种商品或服务是否具有满足消费者欲望的功效。

偏好与效用的关联在于:效用的大小取决于偏好程度。对某个物品的偏好程度越大,它的效用就越大;偏好程度越小,效用就越小。例如,某个男同学非常喜欢一款网络游戏,即主观评价高、效用大,他会不惜用高价购买游戏并升级各种游戏装备,由此而来,游戏厂家必然从中获利。但另一个男同学并不喜欢这款游戏,即主观评价低、效用小,所以不愿意投入太多。当游戏的定价高于他的需求价格时,他会选择不去购买和使用该游戏,那么游戏就卖不出去,游戏厂家就可能会赔本。可见,能否对消费者心理做出深度分析和准确判断是商家经营成败的重要因素。

此外,我们还需要理解边际效用递减规律(the law of diminishing marginal utility)。这是经济学中的一个著名规律,是指消费者在一定时间内增加一单位商品的消费所获得的效用量呈递减趋势。例如,在寒冷的冬季,你喝一杯热巧克力会使你感到非常温暖舒适。喝第二杯,感觉也还不错。但如果你继续喝第三杯、第四杯甚至更多杯，你会感觉如何呢？如果说第二杯热巧克力带给你的满足感跟第一杯一样的话，那么第三、第四甚至第十杯热巧克力给你的满足感还能跟第一杯一样吗？很显然，随着数量的增加，你会觉得热巧克力越来越腻，越来越难喝，原本非常可口的热巧克力也会变得难以下咽。由此可见，我们在消费某种物品的时候，随着消费数量的增加，等量的消费品所带来的满足感会越来越小，也就是说边际效用会越来越小，这种情况几乎存在于所有的消费品当中，这就是所谓的边际效用递减规律。

在理解边际效用递减规律的时候，我们要注意以下三点：

1. 边际效用和总效用的区别

边际效用是指最后一单位的消费品所引起的效用的变化。边际效用递减并不意味着总效用减少，只是说最后一单位的消费品所带来的效用比前一单位的效用要小。在边际效用递减的过程中，总效用可能依然会增加，只不过增加的幅度在变小而已。热巧克力的例子就能帮助我们很好地理解两者的区别，随着热巧克力的消费数量增加，边际效用是递减的，但是总效用确实在增加。在边际效用减少到零的时候，总效用停止增加，达到最大值。若边际效用继续递减变成负值的时候，那么继续消费会使总效用变少。

2. 边际效用递减是在一定时间内进行消费所产生的现象

这个规律蕴含着一个前提，即该消费者的偏好是不变的，而且他必须连续消费某种物品。比如你在吃米饭的过程中，边际效用是递减的。但是，如果你将米饭突然换成面条，边际效用递减的规律就不适用了。再比如，你吃完这顿饭之后去健身，运动结束后你觉得饿了然后又去吃饭，你就不能把这顿饭的效用跟上一顿饭的效用进行比较。

3. 特殊情况

在极少数情况下，对于有些消费品而言，消费量越大消费者越是感觉满足，但始终存在一个限度，在超过这个限度以后必然会出现边际效用递减规律。比如过年的时候许多人都喜欢边看电视边嗑瓜子，本来一开始不想嗑那么多，但却在不知不觉中嗑了很多瓜子，根本就停不下来。这种情况可以说前一阶段是边际效用递增的，但是当嗑瓜子的数量超过一定限度，比如让你嘴唇干涩起泡，此时，也会出现边际效用递减。但无论是何种情况，人们都会经历由满足转为厌烦（超过一定限度时）的过程。

1.1.6　无形的手与有形的手

为了更好地理解无形的手(即无形的市场信号),我们先来认识以下三种经济制度。所谓经济制度就是在回答生产什么、如何生产以及由谁生产这三个基本问题,不同的经济制度答案则会不同。

(1)市场经济(market economy)即由个人和企业决定生产和消费的经济制度。市场经济的极端现象被称为自由放任(laissez-faire),即政府不对经济进行任何干预,不对经济政策施加任何影响。

(2)指令经济(command economy)即由政府决定生产和消费的经济制度。

(3)混合经济(mixed economy)既有市场经济的成分,也有指令经济的成分。

市场经济是指当许多企业和家庭在物品和劳务市场上相互交易时,通过各自的分散决策对资源进行配置。在此经济制度中,中央计划者的决策被成千上万个企业和个人的决策所替代。企业决定雇佣劳工数量、决定生产何种产品以及生产数量等;个人则决定为哪家企业工作,会用多少收入去购买什么商品等,这些都是企业和个人在市场中的相互作用。

所谓无形的手,也就是亚当·斯密所提出的“看不见的手”。亚当·斯密(Adam Smith)在他的著作《国富论》中提出了经济学中最著名的思想:家庭和企业在市场上相互作用,它们仿佛被一只“看不见的手”(invisible hand)指引着一路走向合意的市场结果。而商品价格就是这只看不见的手。在任何市场上,当买者决定购买多少商品时他会去看看市场价格然后再做决定;卖者在决定供给多少时,也会看看市场价格。买者和卖者的决策共同决定了市场价格。某商品的市场价格不仅反映了该商品对于社会的价值,同时也反映了社会生产该商品的成本。亚当·斯密的伟大思想在于他指出了价格变动对买卖双方的影响,它指引着众多的买者和卖者达成交易,这样的结果在很多情形下都可以使得社会整体福利实现最大化。亚当·斯密还认为如果在此过程当中政府对价格进行干预,反而会导致价格不能根据商品供求状况而自然地进行调整,那么政府就限制了看不见的手协调家庭和企业决策的能力。由于家庭和企业是市场经济的最重要组成部分,所以政府干预价格的行为无形中可能会使经济运行效率下降。

尽管看不见的手通常能够引导市场分配资源使得经济蛋糕最大,可惜事实并非总是如此。为什么看不见的手威力虽然强大但它并不是万能的呢?

从市场角度分析,市场本身有时不能够产生有效的资源配置,经济学家将这种情形称为市场失灵(market failure)。从字面意思去理解,所谓失灵就是不起作用了,也就是市场达不到预期的效果,无法有效地分配资源。导致市场失灵的原因有两个:

(1)原因1:外部性(externality)

外部性是指某个人或者某个企业的行为对其他人或者其他企业的福利造成了影响,把额外的成本负担或者额外的效益强加给了其他人。比如那些住在机场附近的居民,他们常常会被飞机起降所产生的噪音弄得苦不堪言,但是航空公司一般不会因为干扰了机场附近的居民而向他们进行赔偿。此外,环境污染也是外部性的一个典型例子,我们会在后续的章节进行详细分析。

(2)原因2:市场势力(market power)

市场势力是指某个人或某企业(或者某些人或某些企业)具有很大的影响力,甚至拥有操控市场价格的能力。这是一种比较常见的现象。例如,在《新龙门客栈》这部电影里,方圆几百里以内就只有一家客栈,就此一家别无分店,其他地方都是荒无人烟的沙漠。所以,即便客栈价格贵得离谱,路过的行人也只能无可奈何地选择入住,否则就得露宿街头。因为市场势力会使价格和数量背离供求平衡,市场势力会使得市场不能有效配置资源,导致市场无效率,我们也会在后续的章节中详细解释。

从政府角度分析,由于存在外部性或市场势力,也就是市场由于自身原因出现失灵,所以我们需要政府设计良好的公共政策从而提高经济效率。政府这只有形的手,有时需要一系列政策或一些经济手段去干预经济,改变原本可自行选择的资源配置。从包罗万象的政府职能中,政府对于市场经济主要行使三项职能:

(1)提高效率,即通过解决市场势力、控制诸如污染这类外部性问题,解决市场失灵问题从而达到提高经济效率的目的;

(2)促进平等,即通过财政税收等手段将收入进行再分配从而增进公平;

(3)促进宏观经济的稳定与增长,灵活运用财政政策和货币政策,在鼓励经济增长的同时减少失业、降低通货膨胀以促进宏观经济的稳定和增长。政府宏观调控着重以整体社会的经济运作,通过人为调节供给与需求使得经济健康平稳发展,这也是宏观经济学的核心内容。

1.1.7　GDP 与一国生活水平①

我们对 GDP 的概念并不陌生,经常会在各大新闻媒体上听到或者看到关于 GDP 的报道,不只是因为 GDP 是一项关系国计民生的重要经济指标,同时也因为它是衡量一个国家经济活动的有效尺度。

GDP 即 Gross Domestic Product 的简称,翻译成中文就是国内生产总值,是指在一定时期内(一个季度或一年)一个国家或地区的经济中所生产出的全部最终产品和劳务的价值。从 GDP 的定义可以看出,它是反映一个国家(或地区)经济实力的核心指标。简单地说 GDP 就是在一段时间内,某个国家或地区总的劳动成果。值得注意的是,GDP 具有属地性质,它只包括国内生产总值,并不将国家与国家之间的往来收入转移计算在内。

所谓生产力(productivity)是指每单位劳动投入所能生产的商品和服务的数量。在生产力高的那些国家,大多数人都享有较高的生活水平;而在生产力低的国家,大多数人仍在贫困中挣扎。类似地,一个国家生产力的增长率决定了该国人均收入的增长率。生产力和生活水平之间的基本关系非常简单,但它蕴涵的意义深远广泛。这就是为什么生产力至今仍备受关注的原因。

除了关注 GDP 的数值以外,各国政府还十分关注 GDP 的增长速度,它也是衡量一个国家或地区经济发展速度是否合理的标尺。国内生产总值涨幅大,反映该国经济发展欣欣向荣,国民收入增加,生活水平提高。反之,则代表该国经济衰退,国民收入减少,消费能力下降。但是,我们在研究 GDP 时,不能仅看 GDP 的增长率还得关注原有的 GDP 水平。比如,A 国的 GDP 增长率是 8%,B 国的 GDP 增长率是 3%,我们就能推断 A 国的经济增长比 B 国多吗？这可不一定。在比较增长率的同时,我们还得看 GDP 的基数有多大,单纯地比较增长率的大小是不科学的。

---

① 注:本章节中 1.1.7～1.1.9 都属于宏观经济学的范畴,此书中我们仅简单介绍基本概念,并不会深入分析其中缘由。

1.1.8 通货膨胀与失业

通货膨胀(inflation)是指经济中总体物价水平的上升,说通俗些就是商品贵了、钱不再值钱了。如果通货膨胀率达到两位数,那意味着出现了恶性通货膨胀。尽管恶性通货膨胀的情况非常少见,但历史上,德国、匈牙利、津巴布韦等国家通货膨胀率确实曾达到过两位数。那么,造成通货膨胀的因素是什么呢？几乎所有严重的通货膨胀或长期通货膨胀,都是由于货币数量增长所引起的。从根源分析,当政府发行了大量本国货币时将会导致货币的价值下降。

大部分经济学家认为社会的确面临着通货膨胀和失业(unemployment)之间的短期权衡取舍关系,通货膨胀与失业之间的这种此消彼长的关系图被称为菲利普斯曲线(Phillips Curve),这是由新西兰经济学家威廉·菲利普斯于1958年在《1861—1957年英国事业和货币工资变动率之间的关系》中最先提出的观点。该曲线表明失业与通货膨胀存在一种交替关系,通货膨胀率高时失业率低,通货膨胀率低时失业率高。尽管仍有一些经济学家质疑这种观点,但是通货膨胀与失业之间的这种权衡意味着,在一年或两年时期内(即短期内),很多经济政策是顾此失彼的:有的政策降低了通货膨胀率却增加了失业率,有的政策减少了失业率却加大了通货膨胀率。不管通货膨胀和失业起始点是在高水平还是低水平抑或是介于上述二者之间,政策制定者都面对着这种权衡。政策制定者可以使用各种政策工具来调整通货膨胀和失业之间的关系,比如通过改变政府支出、征税量和发行货币量等方法影响商品和服务的总体需求。总需求的变动反过来又会影响经济在短期内的通货膨胀和失业组合。由于这些经济政策工具的潜在力量巨大,政策制定者如何使用这些工具来管制经济,一直是经济学家不断争辩的话题之一。

1.1.9 经济周期

经济周期(business cycle)是指根据商品和服务的产量或就业人口数量等指标进行衡量所推断出的经济活动出现不规则的且难以预测的波动。在宏观经济学中,有些经济学家把短期的经济变化称为商业周期,把长期的经济变化称为经济增长。但其实这些都是指国民收入或社会财富的周期性变化,即周期性出现的经济扩展与经济萎缩交替更迭、循环复往的现象。具体表现为国民总产出、总收入、总就业的波动，以及国民收入或者总体经济活动扩张与紧缩的周期性波动。

通常情况下，经济周期分为四个阶段：繁荣、衰退、萧条、复苏。对于企业而言，经济周期是永远逃不掉的轮回，其经营状况的好坏不仅取决于企业自身的内部运营，还与企业所处的外部经济环境息息相关。在学习管理学相关理论时，我们对企业所面临的宏微观环境（或企业内外部环境）进行分析，而经济就是宏观环境中非常重要的一个分项。一般来说，经济处于繁荣阶段时，市场充满生机，企业蓬勃发展，个人充满信心。经济萧条时，股市低迷，企业生存危机四伏。

关于经济周期的成因，一直众说纷纭，系统归纳起来大概可以分为三类。

1. 外因论

支持这一派思想的经济学家们认为经济周期起源于经济体系之外的因素，如战争、革命、选举、金矿或者新资源的发现等。

2. 内因论

支持这一观点的经济学家们认为经济周期源于经济体系内部，比如成本变化及市场机制中的投资等。

3. 综合论

支持这类观点的经济学家综合了内部和外部因素，他们认为经济周期的产生并非由单方面原因所造成的，而是诸多经济因素共同作用的结果。在不同的经济周期中，企业的经营状况不同。当经济衰退时，企业经营状况恶化，生产下降、股票下跌；当经济复苏时，企业经济效益好转，销量大幅提高，股价开始回升，红利增加。

纵观实例，一个社会的长期经济增长常常受到总供给方面诸多因素的影响。归根结底，我们可以看出经济表现主要取决于：①生产要素的投入数量；②生产要素效率的提升。所谓生产要素，包括土地及其他自然资源、资本和劳动力。由于土地等自然资源是一种特殊形式的资本，所以，资本和劳动力是影响长期经济增长的两个基本要素。在其他条件不变的情况下，资本和/或劳动力投入数量越多，产出就越大。此外，不仅仅是投入数量的变化会影响经济，经济增长还与生产要素效率的提升有关，也就是我们常说的实体经济中创造财富能力的改变。传统的经济增长理论都把经济持续增长的源泉归结于技术进步，因为资本和/或劳动力投入的增加可以在一段时间内促进经济增长,但受到边际产量递减规律的约束,即使不断增加这些生产要素的投入,但终有一天,经济增长速度还会减缓下来,而唯有技术的进步才能突破这条铁律的约束,提高财富的生产能力。若用图形来表述的话(你可以自己动手画画看),增加资本或劳动力的投入是沿着同一条向右下方倾斜的边际产量曲线移动,而技术进步的作用则是使得整条边际产量曲线向右移动(关于这两种不同的移动方式我们会在后续章节进行详细解释)。

另外,人们的预期对经济周期的变化也有很大影响。财富需要靠人们去使用才能把它的生产能力发挥出来。如果人们对未来的预期持悲观态度,一方面,人们会采取防御性措施,把消费支出花在较为稳妥的投入上面,这样的做法无助于增加未来的产出;另一方面,对于容易流动的资产(财富)而言,为了保险起见,人们会采取行动对这些资产进行保护,有时它甚至会流出国外,从而直接减少一国之内的财富。

再者,虚拟经济与实体经济是否有脱节也会对经济造成一定的影响。虚拟经济的价值衍生于实体经济,如果它们之间的联系脱节了,反而会干扰人们对实体经济的正确认识,那么信息费用会增加,人们就没办法正确地使用财富了。也就是说,财富的生产能力得不到最好的发挥,从而导致产出下降,经济表现不理想。

1.2 经济学特色

作为研究人类行为的学科,经济学家根本不可能像物理学家或者化学家那样通过各种各样的实验来验证自己的观点。为了在分析和解决问题时坚持科学家的客观性,唯有使用科学的方法提出理论、收集数据,然后分析这些数据以证明或否定自己或者其他人提出的观点。不带个人感情色彩,不带主观偏见。在学习经济学的过程中,你会发现经济学独有的特点。

1. 很多假设

通过各种假设,我们就能把纷繁复杂的经济现象变得更加简单清晰,这样,经济学家们就更容易理解和分析出事件背后的经济原理。例如,为了研究国际贸易的效应,经济学家所提出了两个国家 - 两种商品的假设,这当然与现实情况完全不相符。但是,假设世界只有两个国家组成,每个国家只生产两种产品,可以使我们将注意力集中在分析问题的本质上。一旦我们理解了简化的虚拟世界中的国际贸易,我们就可以更好地理解复杂现实世界中的国际贸易问题。

2. 数学公式

任何一本经济学的书籍,都会有很多数学公式。经济学离不开数学,尤其是高等数学,所以学经济学专业的学生一定会在大学一年级时学习高等数学和线性代数等基础课程。作为经济学的基础,我们不需要进行非常复杂的数学运算,也不需要进行数学推导。本书只是在个别章节涉及极小一部分数学运算公式,大家只需要看明白计算过程,理解公式背后所隐藏的经济原理即可,不需要进行复杂的数学推导和验证。

3. 经济模型

经济学家使用的经济模型,就像医生使用人体器官或骨骼模型来分析人体一样,不同的经济模型被用来分析各种各样的经济问题。经济模型是经济学的基本工具,它直观、准确地表达了数据或变量之间的关系,能帮助我们非常客观地分析经济概念、理解经济的发展和变动趋势。

此外,在翻阅经济学书籍的时候,你还会发现到处都是图形。经济学家通过图形形象地将复杂的经济理论一目了然地呈现给大家,让大家更加直观地了解经济理论。在经济学中,有些图说明了某个变量的变化情况,有些图说明了不同变量之间的相互关系,即说明两组或者两组以上的数据或变量是如何相互联系的。由于本书只涉及微观经济学的基础理论,所以书中出现的图形都是最基础最简单的图形,都是通过精挑细选,对于学习微观经济学基础最为重要的图形,因此图形数量并不多,而且都很简单。对于书中的图形,大家不需要要求自己必须学会画,我们只需要学会读懂图形,知道该图形的作用,能够解读图形变化的经济推理过程即可。

图形里的专用名称

(1)变量(variable):是我们要研究的一种量,在不同的情况下,变量可以取不同的值,经济学研究的重要变量有价格、产量、收入等。

(2)曲线(curve):我们通常把经济关系描绘成一条连续的、平滑的曲线。这里有个误区,很多同学以为曲线一定是弯曲的,其实不然。在经济学里,曲线可以是一条直线,也可以是一条弯曲的曲线。

(3)斜率(slope):当一个变量发生变化时另一个变量所发生的变化,即横轴上变量 x 每单位的变化所引起纵轴上变量 y 的变化,斜率的数学公式为:斜率 $=\Delta y/\Delta x$。若斜率是一个很小的正数,那么在图形上将会出现一条平缓的、向右上方倾斜的直线;若斜率是一个很小的负数,那么在图形上将会出现一条平缓的、向右下方倾斜的直线;若斜率是一个很大的正数,那么在图形上将会出现一条陡峭的、向右上方倾斜的直线;若斜率是一个很大的负数,那么在图形上将会出现一条陡峭的、向右下方倾斜的直线;无论斜率的数值是正数还是负数,曲线都有着共同的规律:斜率越大,曲线越陡峭,斜率越小,曲线越平缓。若斜率为零,那么 y 轴的变量是固定不变的,也就是说这条曲线是水平的;若斜率为 ∞,那么 y 轴的变量可以取任何值,x 轴的变量固定不变,这条曲线是垂直的。

(4)反向关系:两个变量沿相反方向变化(一个变量增加时,另一个变量减少,反之亦然)。

(5)正向关系:两个变量沿相同方向变化(同时增加或者同时减少)。

(6)曲线的移动:指曲线本身的平行移动(向左或者向右移动)。

(7)沿着曲线移动:指在同一条曲线上的不同的位置之间进行移动。

(8)时间序列图:某一特定变量如何随着时间的变化而变动。

(9)散点图:在图像上描绘出若干单个的点。

(10)多曲线图:在同一个图中绘出两条曲线,如我们常见的供需曲线(在后续的章节我们会进行详细讲解)。

1.3 基础经济模型

现在,我们通过两个最基础的经济模型来直观感受一下经济学的特色。

1.3.1 循环流向图(the circular-flow diagram)

我们知道市场的主要参与者是家庭和企业,当然还包括政府等其他组织。但是,在这个简单的经济模型当中,经济学家们忽略了政府和国际贸易等更为复杂、更为现实的情况。我们假设经济只由家庭和企业这两类决策者所组成。

企业用劳动力、土地和资本来生产商品和劳务(goods and services①),这些投入品被称为生产要素(factors of production)。家庭则拥有生产要素,并消费企业所生产的所有商品和劳务。家庭和企业在两类市场上相互交易。在商品与劳务市场上,企业是卖者,负责生产和销售商品与劳务,而家庭是买者,购买企业生产的商品与劳务。在生产市场上,家庭是卖者,提供劳动力和资本,而企业是买者,购买家庭所提供的劳动力和资本用于生产商品与劳务的投入品。

循环流向图(图1-1)的内圈代表家庭与企业之间商品与劳务的流向。家庭在生产要素市场上把劳动力、土地和资本出售给企业使用,然后企业用这些要素生产商品与劳务,随后这些新生产出来的商品与劳务又出售给家庭。因此,生产要素从家庭流向企业,而商品与劳务由企业流向家庭。循环流向图的外圈代表相应的货币流向。家庭支出货币以购买企业的商品与劳务。企业用销售的部分收益对生产要素进行支付,扣除企业工人的工资、办公场所的租金等,剩下的部分是企业所有者的利润。企业所有者本人也是家庭成员。因此,对商品与劳务的支出从家庭流向企业,而收入以工资、租金和利润的形式从企业流向家庭。

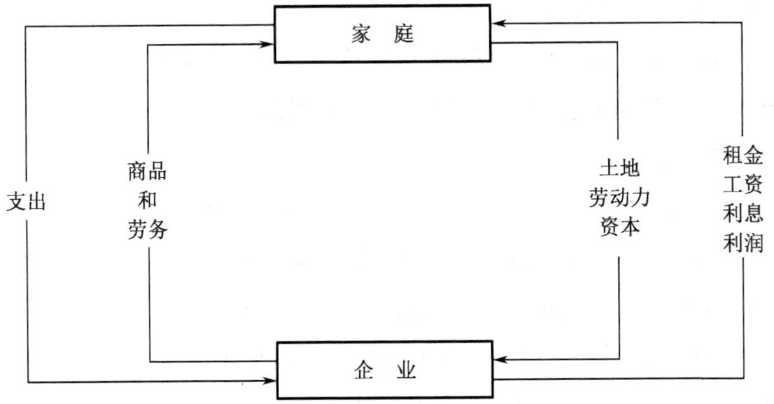

图1-1 循环流向图(the circular-flow diagram)

1.3.2 生产可能性曲线(the production possibilities frontier,PPF)

我们已经知道,机会成本的意思是为了做某件事情而放弃的其他选择所付

① goods 被译成物品、商品或产品;service 被译成服务或劳务。

出的代价。也就是说，机会成本里面所说的成本，是在现实中没有发生的。机会成本除了通过语言逻辑来理解之外，还可以通过图像更为清楚地体现出来。在西方经济学里面，经济学家把机会成本呈现成图像的名字叫作“生产可能性曲线”。既然生产可能性曲线是用来阐释机会成本这个定义的，所以生产可能性曲线又可以被称为“机会成本曲线”。

生产可能性曲线(PPF)是在现有的资源和技术水平下，一个国家(经济体)在一段时间内能够生产出两种商品组合的最大生产量。

生产可能性曲线需要三个前提假设条件：

1. 固定的资源量

在同一时期内，该国家在投入生产时所需要的资源需要保持不变，这里资源包括了自然资源和人力资源，对于资源的数量和质量同时都需要在一个不变的前提下才可以让生产情况更为清晰。在现实中，游戏规则也会根据具体情况有所变化，比如一个国家可以让工人们从生产生活用品转到生产机械设备，但是无论生产哪一种商品，这个国家的工人以及所具有的自然资源量都是不变的，只是生产的内容发生了变化而已。

2. 资源得到了充分利用

这里我们需要假设这个国家的资源(人力资源 + 自然资源)都是百分百用到了极致，没有任何浪费或者管理不当等额外因素。

3. 技术水平保持不变

首先，经济学中对于技术一词的定义为：能够应用到如何生产商品的知识载体。也就是说，与之前提到的固定资源量一样。若想让生产可能性边界有意义，我们必须假设国家的技术水平维持在一个当前的水平不变，是一个固定的状态。这样的限定是为了更好地让决策者们看清当前一个国家的状态。

现在我们通过图形(图 1 - 2)来研究生产可能性曲线。

图 1 - 2 显示的是一个虚拟的国家，我们假设该国最擅长生产两种商品，分别是军用品(枪支)和民用品(黄油)。每年这两种商品的最大生产量组合生产形成了一条生产可能性边界，同时也包括图上标注的 A、B、C 和 D 这样四个字母所代表的四个点。

我们现在假设几种情况，如果这个国家把所有的资源都用在军用品的生产上，那么这个国家最多可以生产出 160 个单位的枪支，黄油的生产量为 0(这里

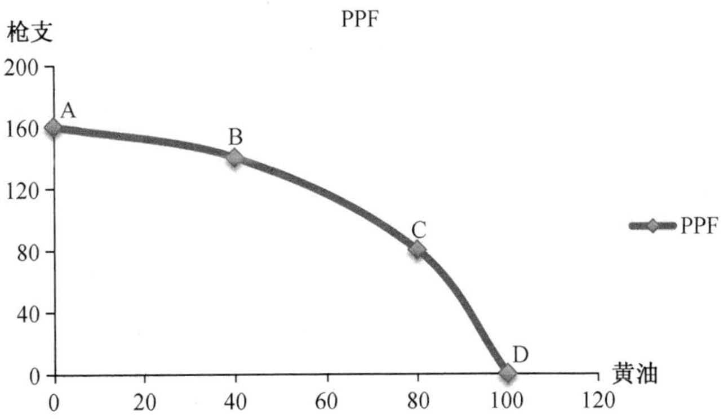

图1－2 生产可能性曲线(the production possibilities frontier)

需要说明的是,不同商品的计量单位自然是不一样的,比如冲锋枪的单位应该是按照“把”来计算,坦克车的单位是“辆”来计算,或者是质量单位克或千克。我们为了更加简化地学习经济学的内容,这里都统称为某一单位,方便我们进行比较)。既然所有的资源都被投入到武器生产当中了,那么消费品的生产量即为0,标记为点A。

我们再来假设另外一种完全相反的情况,如果这个国家把其所有的资源都用在了生产消费品上面,那么它最多可以生产出100个单位的黄油,枪支的生产量即为0。在图上面为点D。

刚才介绍的两种情况,都是比较极端的,一个国家没有武器不行,当然没有了普通民众需要的消费品同样也不行。所以,我们需要均衡一下,接着我们再看两种情况。

若是在点B的话,那么,该国可以生产140个单位的枪支和40个单位的黄油。

若是在点C的话,那么,该国可以生产80个单位的枪支和80个单位的黄油。

上面介绍的四种情况,是假设这个国家的资源全部已被使用的前提下才会出现的,也就是上面提到的“资源得到了充分利用”,从A到D这四个点仅仅是无数种组合中的几个例子罢了,也正是由于在两种商品的无数组合,才构成了一条线,生产可能性边界就这样产生了。

可是如果这个国家没有把资源用到了极致,会出现什么情况呢?比如说,有些工人可能没有找到工作,工厂或是机器由于种种原因闲置或损坏了。那么,资源没有得到充分利用,这个国家的经济将会下降,因为它没有能够达到生产可能性边界线上的任意一个点上。在图形中,可能是生产可能性边界线内的某一个点。在经济学里面,这种情况被称为"缺乏效率"(inefficiency)。在该点上,生产能力不足,因为这个国家完全有能力生产更多的商品来满足该国更多的需求。我们也可以把经济设想成一台机器,任何一个螺丝钉都会发挥其作用,这个国家中的工人就扮演着机器里面螺丝钉或者轴承的角色。若某个螺丝钉坏了或者不工作了,必然或多或少地影响整台机器的运转,其效率也会大打折扣。

想要读懂图形给我们的信息,我们必须学会读图技巧和步骤:

• 第一步:先看横轴和纵轴分别代表的变量是什么,这样我们就知道这个图形想向我们表达哪两种变量之间的变化关系了;

• 第二步:看图形中曲线的斜率,这样我们就可以判断出两个变量之间属于正向关系还是反向关系;

• 第三步:曲线上所有的点所对应的变量的值,如此处 A,B,C,D 四个点所对应的不同产品的生产量;

• 第四步:区分曲线的移动(向左或向右移动)和沿曲线移动(向上或向下移动)两种变化,并读懂曲线移动所隐含的变量变化的关系;

• 第五步:通过图形变化总结出经济变量的变化规律。

KEY CONCEPTS 回顾

(1) Economics: the study of how society manages its scarce resources.

(2) Microeconomics: the study of how households and firms make decisions and how they interact in markets.

(3) Macroeconomics: the study of economy-wide phenomena, including inflation, unemployment and economic growth.

(4) Trade-off: to get one thing that we like, we usually have to give up another thing. Making decision requires trading off one goal against another.

(5) Efficiency: the property of society getting the most it can from its scare

resources.

(6) Equity: the property of disturbing economic prosperity fairly among the members of society.

(7) Scarcity: the limited nature of society's recourses.

(8) Opportunity cost: whatever must be given up to obtain some item.

(9) Marginal revenue: the change in total revenue from an additional unit sold.

(10) Marginal costs: the increase in total cost that arises from an extra unit of production.

(11) Marginal product: the increase in output that arises from an additional unit of input.

(12) Incentive: is something that motivates an individual to perform an action. The study of incentive structures is central to the study of all economic activities (both in terms of individual and company decision-making, and competition within a larger institutional structure).

(13) Utility: a measure of happiness or satisfaction.

(14) Market economy: an economy that allocates resources through the decentralized decision of many firms and households as they interact in markets for goods and services.

(15) Market failure: a situation in which a market left on its own fails to allocate recourses efficiently.

(16) Externality: the uncompensated impact of one person's actions on the well being of a bystander.

(17) Market power: the ability of a single economic actor (or small group of actors) to have a substantial influence on market prices.

(18) Productivity: the quantity of goods and services produced from each unit of labor input.

(19) Inflation: in increase in the overall level of prices in the economy.

(20) Phillips Curve: the curve that shows the short-run tradeoff between inflation and unemployment.

(21) Business cycle: fluctuations in economic activity, such as employment and

production.

(22) The circular-flow diagram: a visual model of the economy that shows how dollars flow through markets among households and firm. It is a simple way to visually show the economic transactions that occur between households and firm in the economy.

(23) The production possibilities frontier: a graph shows the various combinations of output that economy can possibly produce given the available factors of production and technology.

习题及答案

1. The study of economics is correctly defined as(　　).

(A) The methods used to satisfy our limited material wants with unlimited productive resources

(B) The study of the interaction and allocation of limited resources and market structures

(C) How best to satisfy our unlimited wants with limited and scarce material resources

(D) How best to predict the fluctuations in the stock market

答案:C

2. Deirdre has one free hour to practice the piano for an upcoming school concert or work at the library for $7 per hour or babysit her neighbor's 12-year-old son for $10 per hour. She chooses to practice the piano. What is the opportunity cost of practicing the piano?

(A) The opportunity cost would be $20 because it is necessary to calculate one additional hour of babysitting to make it profitable.

(B) Without knowing the marginal value of practicing the piano, there is no way of knowing the true opportunity cost.

(C) The opportunity cost would be $17 because she chose not to participate in these activities.

(D) The opportunity cost would be $10 because it would be the most profitable alternative.

答案:D

3. After dedicating two hours to studying for the AP economics exam, Seth chooses to spend an additional hour studying. Which of the following is most likely TRUE?

(A) The marginal benefit of the additional hour is at least as great as the marginal cost of the additional hour.

(B) The marginal cost of the additional hour is less than the marginal benefit of the additional hour.

(C) Both the marginal benefit and marginal cost are always equal in this scenario.

(D) The marginal benefit of the second hour is less than the marginal benefit of the additional hour.

答案:A

Brooks Industries is a leading producer of guitars and stereos. Use the following production possibilities curve for questions 4 and 5.

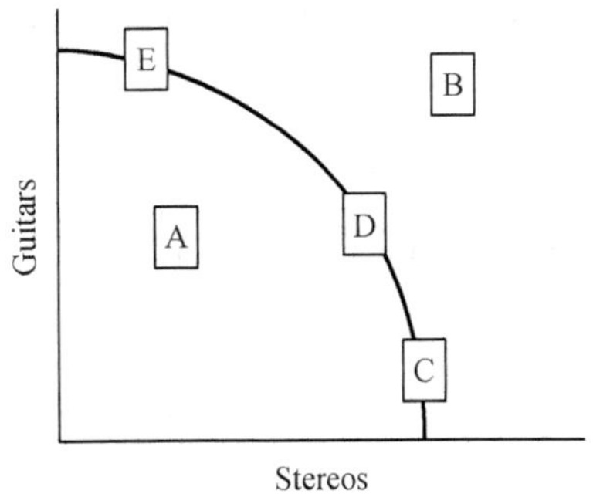

4. Which two points would best represent economic growth?

(A) From A to B

(B) From D to C

(C) From A to D

(D) From E to C

答案:D

5. The concave shape of the production possibilities curve implies the notion of (　　).

(A) Opportunity costs

(B) Comparative advantage

(C) Marginal analysis

(D) Allocation of limited resources with unlimited material wants

答案:A

6. It is beneficial for two countries to trade only when there is(　　).

(A) a mutually beneficial trade agreement

(B) increasing returns to scale

(C) an absolute advantage in production between two countries

(D) a comparative advantage in production between the two countries

答案:D

7. If a society allocates its resources as a whole, then(　　).

(A) opportunity cost of producing one more unit would increase exponentially

(B) marginal benefit would be greater than marginal cost

(C) consumer spending would increase due to an increase in demand

(D) marginal benefit would be less than marginal cost

答案:D

8. Both Richard and Michele can mow the lawn and walk their dog on Sunday morning. For every half hour of walking the dog, Richard can mow twice the amount of lawn Michele can. According to this information, (　　).

(A) Michele walks the dog because she has absolute advantage in mowing the lawn

(B) Richard walks the dog because he has comparative advantage in mowing the lawn

(C) Richard mows the lawn because he has comparative advantage in mowing the lawn

(D) Michele walks the dog because she has comparative advantage in walking the dog

答案:C

9. Whenever a person gives up one resource to obtain an item it is called: ( ).

(A) Cost-benefit analysis

(B) Opportunity decision

(C) Opportunity price

(D) Opportunity cost

答案:D

10. Which of the following will cause an outward shift of the production possibilities curve?

(A) A grant for educational training for employees

(B) A decrease in a nation's birthrate, thus decreasing the labor force

(C) A natural disaster creating extreme limitations of a vital natural resource

(D) A shortage of skilled workers

答案:A

11. A point lying directly on the production possibilities curve is( ).

(A) Efficient

(B) Unattainable, yet efficient

(C) Attainable and efficient

(D) Unattainable

答案:C

12. Scarcity is best defined as( ).

(A) Material resources are unlimited

(B) Limited vital material resources compared with limited wants and needs

(C) An idea used by industrializing nations to satisfy unlimited wants and desires with limited natural resources

(D) The idea that a society's wants and needs are unlimited, and material resources are limited

答案:D

13. The benefits of specialization likely include all of the following EXCEPT

(　　).

(A) An increased educational opportunity as the economy grows

(B) Improvements in productivity

(C) Greater quantity of goods and services supplied to consumers

(D) All of the above are benefits of specialization

答案:D

14. Mineral deposits, human capital, entrepreneurship, and use of technology and machinery are all examples of(　　).

(A) factors of production

(B) superior and inferior goods

(C) elements sometimes needed to move an existing company overseas

(D) material wants and needs

答案:A

15. The law of increasing costs is best defined as(　　).

(A) when the price of a good rises, the quantity does not fall

(B) as more of a product is produced, the greater its opportunity cost

(C) as one obtains more of a good, the marginal utility (the value from one more unit) will decrease

(D) as the economy grows, government spending will increase as well

答案:B

16. The production possibilities curve will show a straight line if which of the following is TRUE?

(A) Resources are not specialized

(B) Vital resources for the good are limitless

(C) The economy is operating below maximum efficiency and output

(D) The law of decreasing marginal utility does not apply

答案:A

17. A country is said to have a comparative advantage over another country when (　　).

(A) it can produce a good using fewer resources per unit of output than another country

(B)it can produce a good at a lower opportunity cost than another country

(C)there is a higher degree of specialization and division of labor compared to another country

(D)one country's production possibilities frontier is shifted farther to the right compared to another country's production possibilities frontier

答案:B

18. How is it possible for a country to obtain more than its production possibilities curve dictates?

(A) Not possible without greater quantities of the factors of production already obtained

(B)Specialization

(C)Increase in education and job training

(D)Obtainment of a greater quantity of affordable substitutes

答案:B

19. Suppose both Spain and Germany produce soccer balls and golf balls. Spain can produce soccer balls at a lower opportunity cost than Germany. Germany can produce golf balls at a lower opportunity cost than Spain. According to the law of comparative advantage,(   ).

(A)Germany should stop producing soccer balls; Spain should stop producing golf balls; Spain and Germany should establish a trade for the product they stopped producing

(B) Spain should increase the production of soccer balls and decrease the production of golf balls

(C) Germany should increase production of golf balls and decrease the production of soccer balls

(D) Germany should stop producing golf balls; Spain should stop producing soccer balls

答案:A

20. Which of the following are some of the basic questions every economy must

answer?

(A) What to produce? How to produce? How much to produce?

(B) When to produce? How to produce? How much to produce?

(C) For whom to produce? When to produce? What to produce?

(D) What to produce? How to produce? Where to produce?

答案:A

21. Economic growth is only possible if(　　).

(A) all of the fundamental questions an economy faces are answered

(B) there is a decrease in resources and decreasing opportunity costs

(C) there is a highly developed division of labor

(D) there is an increase in resources and technological advancements in production

答案:D

22. As a rule, one should purchase a good or engage in an activity if (　　).

(A) the opportunity cost is equal to the value of the good or activity

(B) the marginal benefit is greater or equal to the marginal cost

(C) the value of a good or activity is equal to the marginal cost

(D) the marginal benefit is less than or equal to the marginal cost

答案:B

23. Your school decides to build a new performing arts center. What is the opportunity cost of the performing arts center?

(A) The money used in construction of the performing arts center

(B) The cost of building the performing arts center now rather than waiting until next year

(C) Any other good or service that cannot be provided right now due to resources used for the new performing arts center

(D) Cannot be determined without knowing what the next best option was for using the resources that went to the performing arts center

答案:C

24. All are reasons why a production possibilities curve will shift to the right,

EXCEPT(　　).

(A)The quantity of resources increases

(B)The quality of existing resources increases

(C)Technological advancements in production

(D)The economy is operating at allocative efficiency

答案:D

25. Marginal analysis is best defined as(　　).

(A) analyzing the combination of goods and services that provide the best benefit to society

(B) the additional cost from the consumption of the next unit of a good or service

(C)the additional benefit received from the consumption of the next unit of a good or service

(D)making decisions based upon the marginal benefits and marginal costs of that decision

答案:D

26. An economic system is characterized as emphasizing private property and competition, and prices inform buyers and sellers how to allocate their resources. This economic system would be known as a(　　).

(A)Mixed system

(B)Market system

(C)Socialist system

(D)Command system

答案:B

27. Economic systems differ most in(　　).

(A)increasing returns to scale

(B)the quality of goods and services produced

(C) how they answer the fundamental economic questions all societies must answer

(D)production possibility frontiers

答案:C

28. As a result of the scarcity of resources, (　　).

(A) there is the unavoidable reality of poverty

(B) the government must decide how best to use those resources

(C) every society must commit to central planning

(D) every society must choose how best to use those resources

答案:D

29. Which of the following is microeconomic variable(　　).

(A) the unemployment rate

(B) GDP

(C) the production possibilities frontier

(D) inflation rate

答案:C

30. The basic economic questions being answered by the decisions of buyers and sellers in the marketplace occur in(　　).

(A) a mixed economy

(B) a command economy

(C) a traditional economy

(D) a market economy

答案:D

第 2 章　经济的相互依存性与贸易

2.1　贸易与专业化

在全球一体化的今天，贸易(trade)可谓无处不在。最原始的贸易形式是物物交换(barter)，这是一种自愿交换商品或服务的行为。现代贸易通常以货币(钱或非实体金钱)为媒介进行交易。两个贸易者之间的贸易被称为双边贸易，多个贸易者(超过两个)之间的贸易则被称为多边贸易。

那么，贸易为什么会存在呢？我们不妨先来设想一下与世隔绝的情景。如果你与外界没有任何联系，你需要自给自足，我们假设你需要做三件事情才能得以生存，即自己种粮食、做衣服、修房子。我们设身处地地想象以下这几种可能性：①三件事情你都很擅长，但是时间是有限的，就算 24 小时不眠不休，你也很难把这三件事情做到最好；②你擅长做其中一件或者两件事情，如你擅长种粮食/做衣服，那你可能没有合适的房子住；③这三件事情你一件都不擅长，你可能会食不果腹、衣衫褴褛、居无定所，结局非常凄惨。无论你是否擅长做这三件事情，你都得付出非常大的努力，否则要么饿肚子，要么没衣服穿，要么没房子住。但如果你与其他人进行交易或者你的家庭因为具备某种能力可以和别的家庭进行交易，那么你或者你的家庭就能从交易中得到好处。因为交易使得每个人专门从事自己最擅长的活动，而不需要样样事情都亲力亲为。人们各有分工，农民去种地，裁缝去制衣，建筑工人去建房子。这样的话，你就可以选择去做你擅长的事情，通过交换得到食物、衣服或者请别人帮你修房子。因此，通过交易，人们可以以更低的成本购买到更多种类的商品。在现代社会中，每个人都既是生产者又是消费者，在为别人提供产品和劳务的同时，又能享受到别人为我们提供的产品和劳务。

与个人的情况一样，国家也可以从与其他国家的贸易中获得收益。贸易使得每个国家专门提供自己最擅长的某种商品或服务。通过贸易，任何国家享受的商品和服务种类都大大增加了。例如,在世界经济中,中国既是美国的竞争对手,又是美国的合作伙伴。然而,只考虑国家之间的竞争往往容易产生误导作用。国家之间的贸易关系、与竞技体育比赛不同,两者之间并不是你死我活的对弈,并非一方赢另一方就输的情况。事实正好相反,两国之间的贸易能使双方的状况都变得更好。经济学十大原理之一就是认为贸易能使每个人的状态变得更好。贸易是一个双赢的过程,双方都会从中获益。

现在我们用第1章节中所学到的知识来验证上述观点并分析人们能从贸易中获得什么好处。首先,我们得简化复杂的经济社会,在曼昆《微观经济学原理》中假设一个经济体中只有两种商品(土豆和牛肉)、只有两个人(农民和牧民)。农民种植土豆,牧民生产牛肉。如果双方不进行交易,那么很有可能会出现这样的结果:农民天天吃土豆,牧民天天吃牛肉。无论怎么变换做菜的方法,这两个人即便已经吃腻了这些东西也无可奈何。但是如果双方进行交易,农民就终于可以吃上美味的炖牛肉了,而牧民也可以换换口味吃吃炸薯条,所以贸易的好处显而易见。

在分析贸易时,无论是个人还是国家,我们都提到了贸易可以让人们从事自己更擅长的事情。这里我们必须得理解一个重要概念——专业化。专业化在不同领域、不同行业中的定义可能有所不同,但是专业化总体来说就是极致化——极致化的态度以及极致化的操作所产生的极致化的结果。那为什么会出现专业化呢?我们通过家庭内部的分工情况来理解这些深奥的经济学理论。在原始社会,男耕女织,男人负责打猎耕田,女人负责织布照顾家庭,为什么会出现这样的分工呢?以家庭为单位来分配工作,妈妈更擅长织布做饭照顾孩子,那么我们就可以说妈妈在做家务方面具有优势;而爸爸身强力壮力气大,擅长耕田,那么爸爸在种地耕田方面具有优势。由于分工的出现,每个人分别去从事自己所擅长的事情,天长日久熟能生巧,良性循环,专业化程度越来越高。在这种情况下,男主外女主内的分配方式使家庭的利益实现最大化。如若非要反其道而行之,让妈妈去田里干农活,爸爸在家织布做饭,每个人都不能做自己最擅长的事情,家庭的收益也会随之受到影响。所以,从事自己所擅长的工作时间越久,专业化程度就越高,效率就越高。

2.2　绝对优势与比较优势

在分析贸易的过程中，我们必须弄明白两个经济学概念，即绝对优势和比较优势。

• 绝对优势(absolute advantage)指在生产某一种物品时，某生产者(A)比另一个生产者(B)的投入要少，那么我们就可以说该生产者(A)在生产该物品上具有绝对优势。

• 比较优势(comparative advantage)指在生产某一种物品时，某生产者(A)能以比另一个生产者(B)更小的机会成本生产该商品，那么我们就可以说该生产者(A)在生产该物品上具有比较优势。

从字面上很容易看出两者之间的区别，绝对优势对比的是投入生产某种物品的能力，而比较优势对比的是机会成本。

我们通过两个国家－两个产品的模型来对比研究绝对优势和比较优势的差别。

• 两个国家：美国和日本。

• 生产的两种商品：电脑、小麦（注意：在进行优势分析时候一定是两件商品进行比较）。

• 生产所需资源：生产上面这两种商品需要很多种资源，在这里我们为了解释更清楚，资源统一设定为工时(working hours，即工人生产这两种商品所需的时长)。

现在我们有了要生产的商品和所需的资源，在具备这些基本条件的情况下，经济学家通常会考虑以下两种选择：

(1)自给自足(self-sufficient)，不做任何贸易活动；

(2)彼此之间进行贸易往来。

我们通过优势分析来决定选择结果。我们先来看美国的情况：

假设，美国目前每个月能够提供50 000小时的时长来进行生产工作。每生产一个单位的电脑需要100小时，每生产一个单位的小麦需要10小时。

（注意：这里需要说明的是，在这个例子里面，电脑和小麦的单位应该分别是“台”和“吨”，这里面我们同样都简化为一个“单位”）。

根据之前给定的假设,美国需要100小时来生产一个单位的电脑,那么如果美国决定把其所有的工时都放在电脑的生产上,那么最后美国可以得到的是50 000 ÷ 100 = 500个单位(台)的电脑,0个单位(吨)的小麦。

同样,美国需要10小时来生产一个单位的小麦,那么如果美国决定把它所有的工时都放在小麦的生产上,那么最后美国可以得到的是0个单位(台)的电脑,50 000 ÷ 10 = 5 000个单位(吨)的小麦。

综上所述,根据所给的假设条件,美国的生产情况是:要么生产500单位的电脑,要么生产5 000单位的小麦,或者是生产可能性曲线(PPF)的任意一个组合。

现在我们来看看日本的情况:

我们假设,日本每个月能够提供的生产工时为30 000小时,每生产一单位电脑需要125小时,每生产一单位小麦需要25小时。

用同样的逻辑和计算方法,我们可以得出日本的生产情况如下:

30 000 ÷ 125 = 240个单位的电脑

30 000 ÷ 25 = 1 200个单位的小麦

同样,日本可以选择生产240个单位电脑、0个单位小麦,或者1 200个单位小麦、0个单位电脑,或者是任意是生产可能性曲线(PPF)上的任意组合。

通过上面的运算结果和生产可能性曲线(PPF),我们可以看出美国在生产小麦上面有绝对优势,每生产一个单位的小麦需要10小时,而日本则需要25小时。再看电脑,美国需要100小时,日本则需要125小时,也就是说美国在这两种商品上面都有绝对优势。较日本而言,美国在投入生产电脑或者小麦的能力都较强,在两种商品上投入的工时都少(即生产商品所花的时间都短)。如果每个国家都有各自绝对优势的商品,那么彼此之间就可以进行贸易往来了。所以,单从绝对优势的对比角度来看,两个国家是没必要进行交易的。

现在我们来看比较优势,回忆一下,比较优势的分析其实就是对于机会成本的计算和比对。在我们的例子里面,电脑的机会成本就是那些原本可以用来生产小麦的工时。我们来看看两个国家生产电脑的机会成本:

(1)对于美国来说,机会成本为10个单位(吨)的小麦,因为美国生产一单位(台)电脑需要100小时,这本可以用来生产那10个单位小麦的。

(2)对于日本来说,机会成本为5个单位(吨)的小麦,因为日本生产一单位

(台)电脑需要125小时,这本可以用来生产那5个单位小麦的。

因此,对于生产电脑来说,日本具有比较优势,因为其潜在浪费掉的小麦要比美国少。

如果一个国家在本国生产某一种产品的机会成本低于在其他国家生产该产品的机会成本的话,那么这个国家在生产该产品上就拥有比较优势。换句话来说,就是当一个国家和另一个国家比较,能以更低的机会成本来生产某种产品时,我们就说这个国家在生产这种产品上具有比较优势。尽管一个生产者可能在两种产品的生产上都具有绝对优势,但任何生产者都不可能在这两种产品的生产上都具有比较优势。就像我们例子中的对比结果一样,美国在生产电脑和小麦上都具有绝对优势,但是日本却在生产电脑上具有比较优势。

由于一种产品的机会成本是另外一种产品机会成本的倒数,如果某生产者在一种产品的生产上机会成本相对较高,那么他在另外一种产品的生产上机会成本必定相对较低。比较优势反映的是相对机会成本,除非两个人具有恰好相同的机会成本,否则一个人在一种产品的生产上具有比较优势,而另外一个人在另外一种产品的生产上具有比较优势。

专业化和交易的好处不是源于绝对优势而是源于比较优势。当每个生产者从事他具有比较优势产品的生产时,经济的总产出增加了,每个人的状况会变得更好。比较优势的产生和社会分工、生产单位对社会资源的占有、利用、分配之间有着密切的关系。而正是由于比较优势的不同,才让社会分工更倾向于专业化。社会分工的专业化,又使得熟悉某个生产领域的人可以专门负责该生产领域的事,从而提高生产效率,提升生产总产量,降低生产成本,良性循环,最终获得更大的利益。所以说,专业化和劳动分工是市场形成的基础。

市场是经济发展到一定阶段的产物,市场体系更是在社会化大生产充分发展的基础上形成的。在市场交易中,最大限度地赚取利润是每个经营者从事生产活动的目的,实现这一目的的最主要途径就是降低生产成本。于是,为了降低生产成本,企业不断努力提高劳动熟练程度,节约劳动转换时间,减少劳动监督成本,节省费用,高度重视劳动分工和专业化生产。众所周知,反复操作同一项工作有利于提高工作技巧,降低出错的概率。劳动分工程度越高,个人的工作内容就越简单,劳动熟练程度也就越高,生产单位产品所需要的劳动时间就会减少,从而企业的整个生产成本都会随之降低。市场体系是由各类市场组成的有机联系的整体。整个市场体系包括生活资料市场、生产资料市场、劳动力市场、金融市场、技术市场、信息市场、产权市场、房地产市场等。专业化能够帮助企业提高劳动生产率，有利于员工在自己比较熟悉的工作岗位上发挥作用，同时，劳动分工能够满足市场对各种生产、生活资料的需求，满足人们对物品多样性的需求，最终增加国民财富。

KEY CONCEPTS 回顾

(1) Absolute advantage: the comparison among producer of a good according to their productivity.

(2) Comparative advantage: the comparison among producer of a good according to opportunity cost.

(3) Specialization: the concentration on particular products or services.

(4) Trade: it involves the transfer of goods or services from one person or entity to another, often in exchange for money.

(5) Barter: it is an early form of trade. It is the direct exchange of goods and services for other goods and services. It involves trading things without the use of money.

习题及答案

1. When can two countries gain from trading two goods?

(A) When the first country can only produce the first good and the second country can only produce the second good.

(B) When the first country can produce both goods, but can only produce the second good at great cost, and the second country can produce both goods, but can only produce the first good at great cost.

(C) When the first country is better at producing both goods and the second country is worse at producing both goods.

(D) Two countries could gain from trading two goods under all of the above conditions.

答案:D

2. Regan grows flowers and makes ceramic vases. Jayson also grows flowers and makes ceramic vases, but Regan is better at producing both goods. In this case, trade could(　　).

(A) benefit both Jayson and Regan

(B) benefit Jayson, but not Regan

(C) benefit Regan, but not Jayson

(D) benefit neither Jayson nor Regan

答案:A

3. An economy's production possibilities frontier is also its consumption possible frontier(　　).

(A) when the economy is self-sufficient

(B) when two countries make trade

(C) under all circumstances

(D) when the rate of tradeoff between the two goods being produced is constant

答案:A

4. A production possibilities frontier is bowed outward when(　　).

(A) the more resources the economy uses to produce one good, the fewer resources it has available to produce the other good

(B) an economy is self-sufficient instead of interdependent and engaged in trade

(C) the rate of tradeoff between the two goods being produced is constant

(D) the rate of tradeoff between the two goods being produced depends on how much of each good is being produced

答案:D

5. Comparative advantage is related most closely to which of the following?

(A) Output per hour

(B) Efficiency

(C) Opportunity cost

(D) Productivity

答案:C

6. Specialization and trade are closely linked to (　　).

(A) absolute advantage

(B) productivity

(C) comparative advantage

(D) gains to some traders

答案:C

Application:

Suppose that a worker in country A can produce either 5 units of wheat or 15 units of cabbages per year, and a worker in country B can produce either 15 units of wheat or 5 units of cabbages per year. There are 10 workers in each country. By using the knowledge of this chapter, the students need to calculate the number of products before and after trade. Then, draw the PPF according to your result, and explain each country's specialty.

Answer:

According to the case description, there are 10 workers in each country. Suppose there was no trade between these two countries, then each country must divide workers into two groups to produce two products, which means 5 workers will produce wheat and 5 workers will produce cabbages. Since a worker in country A can produce either 5 units of wheat or 15 units of cabbages per year, and a worker in country B can produce either 15 units of wheat or 5 units of cabbages per year. As a result, country A produces 25 units of wheat and 75 units of cabbages per year while country B produces 75 units of wheat and 25 units of cabbages per year. However, when there is trade between these two countries, each has the chance to use its specialization to make products. After analysis, we can tell that country A specializes in producing cabbages, and country B specializes in producing wheat. So 10 workers in country A will focus on producing 150 units of cabbages per year, and 10 workers in country B can produce 150 units of wheat. Therefore, we can say that country A specializes in cabbages, and country B specializes in wheat.

第3章 需求、供给与市场均衡

在正式进入本章节的学习之前，我们先来想想生活当中的这些情况：每到冬季，由于气温日渐寒冷，我们就会购买一些用于保暖的生活用品，比如棉衣、羽绒服等，换句话说，我们对这些保暖用品的需求量就会增加，与此同时，我们也能看到，市场上该类产品的销售数量会比同年其他时候多很多；在服装市场上，每到换季的时候，过季的衣服就会有不同程度的折扣优惠，刚上市的新衣服却折扣很少或是没有任何折扣；在高铁开通的路线不断增加之后，同一出发地到目的地的航空公司航班较高铁的价格都会呈现不同程度的降价等。我们所举的例子都是比较普遍的情况，当然也有一些特例，那些特殊情况我们放到其他相关的章节去讨论，这里先从最简单的情况入手分析。这些生活当中的事情，尽管我们早已习以为常了，但是这些普遍情况却最为真实地反映了经济学中一些最基本的原理，也就是本章我们要讨论的主题：需求、供给及市场均衡。

需求和供给对于市场的应用是西方经济体的基石，是西方经济体的基本运营原理。本章节我们将会学习当市场中的买卖双方在面对稀缺资源的时候，人们（买卖双方）是如何进行抉择的以及他们相互影响的方式，从而了解经济学中两个市场经济运行的力量，即需求和供给理论。该理论将说明市场经济中供给与需求如何决定商品价格，以及价格又如何配置经济中的稀缺资源，最终让市场处于一个良性的发展状态当中（市场均衡）。最后，我们会从实例出发，以供给需求角度去分析政府政策对市场配置资源的影响。

3.1 需　　求

需求是一个非常重要的经济学术语，我们很少会说“我需求什么”，平常生活中我们使用更为频繁的是“我想要什么，我需要什么，我想买什么”等口语化的语言，其实这些都是需求在生活中的具体表现。由于需求是买方表现出来的行为，所以对需求的分析就是深入剖析消费者(购买者)的行为。

3.1.1 需求定理

作为一名消费者，我们在生活中可以买到的产品五花八门、种类繁多，为了让需求这个概念理解起来更容易些，我们采用一个极为简单的例子。假设消费者只购买一种日常用品 A，购买者对产品 A 的需求量的情况如表 3-1 所示。

表 3-1 需求表

价格/元	需求量
0	12
0.5	10
1	8
1.5	6
2	4
2.5	2
3	0

表 3-1 被经济学家称之为需求表(demand schedule)，即在诸多其他因素保持不变或是没有受到任何影响的情况下，需求表呈现了某种商品的价格与需求量之间的关系。表格非常简单明了，我们很容易解读出里面的信息。

(1)第 1 列价格(Price)，即是商品价值的货币表现形式。

(2)第 2 列需求量(Quantity demanded)即是买者愿意并且能够购买的某种产品的数量。每一件商品都是明码标价的，那么消费者就会根据自己的消费能力来决定所选商品的数量。注意，这个需求量并不是我们所认为的普通意义的需求(想买多少单位的商品，需求量就是多少)，而是消费者购买行为中表现出来的购买想法及其能够支付购买这种产品的数量。衡量需求量有两个指标，一是购买者对某一物品愿意购买的数量，二是购买者能够支付购买的数量。

例如，同学李某的开支计划中计划每个月买 2 本课外书，但某天他去书店的时候看到了 5 本自己喜欢的课外书，他想 5 本全部买下来，可是 5 本课外书明显地超出了他的支付能力。这个例子中，他对 2 本书的需求量才是经济学里探讨的需求量，而 5 本书并不是我们需要研究的需求量，因为 5 本课外书虽是他愿意买或想买的数量,但是却超出了他的支付能力,多出来的3本书是他每月开支计划之外或是他支付能力范围之外的数量,也就是他没法买到的数量。因此,我们在界定需求量时,一定要符合这两个条件:①买者愿意购买;②买者有能力购买的数量。

(3)价格与需求量之间的关系。

进一步观察表3-1,我们能很直观地看到日常用品A的需求量和价格之间的关系:即需求量会随着价格的变化而变化,具体表现为价格上涨、需求量就减少,价格降低、需求量就增加。消费品A的价格是0元时,对消费品A的需求量是12个;当消费品A价格是0.5元时,对消费品A的需求量是10个;当消费品A价格是1元时,对消费品A的需求量是8个;直到当消费品A价格是3元时,对消费品A的需求量是0个。通常价格为零和需求量为零的极端例子是比较罕见的,经济学家们用需求定理来阐述价格与需求量之间的关系。

需求定理(law of demand)是指在其他条件不变的情况下,决定消费者购买商品数量的主要因素是该商品的价格,其规律是随着商品价格的上升,消费者对该商品的需求量减少;随着商品价格的下降,消费者对该商品的需求量增加。正如上面的例子一样,价格和需求量的变化在数字上是逆向的,也就是说,两者呈反比例关系。道理非常简单,例如在实际生活当中,超市里面某商品降价时,在其他因素没有干扰的情况下(即正常情况下),理性消费者会增加对该商品的购买,从而会使该产品的需求量增加;相反,价格上涨时,理性消费者会减少购买该商品,那么该商品的需求量就会减少。

其实,价格和需求的反比关系我们并不陌生,我们也经常亲身经历这样的情况。就如每年“双十一”电商打折季时,电商纷纷下调大宗商品的价格,很多人都会选择在这段时间内购买很多商品,需求量大幅上涨。有的商品甚至都不是立刻需要使用的,只不过是由于商品大幅降价,有些消费者会选择购买商品囤货。

价格与需求量的这种反比例变化关系对于经济中的绝大部分物品来说,都是成立的。但是,某些特殊商品则是违背需求定理的,如吉芬商品(Giffen goods),在其他因素不改变的情况下,当商品价格上升时,需求量增加,价格下降时,需求量减少。经济学中对于吉芬商品的经典例子是爱尔兰的土豆。1854

年，爱尔兰发生大饥荒，土豆价格飞涨，但是人们对土豆的需求反而增加了①。

3.1.2 需求曲线

经济学家们使用图形更加形象地展示需求定理，通过绘制需求曲线(demand curve)来体现价格和需求量之间的关系。需求曲线即是一条根据需求表上价格和需求量的数字把价格与需求量联系在一起的向右下方倾斜的曲线。

你可以试试看根据需求表中的相关数量将需求曲线绘制出来，其中横坐标代表对日常用品 A 的需求量，纵坐标代表日常用品 A 的价格。该需求曲线表示日常用品 A 的需求量如何随其价格变化而变动。由于价格与需求量成反比，因此，你绘制的需求曲线应该是向右下方倾斜的。

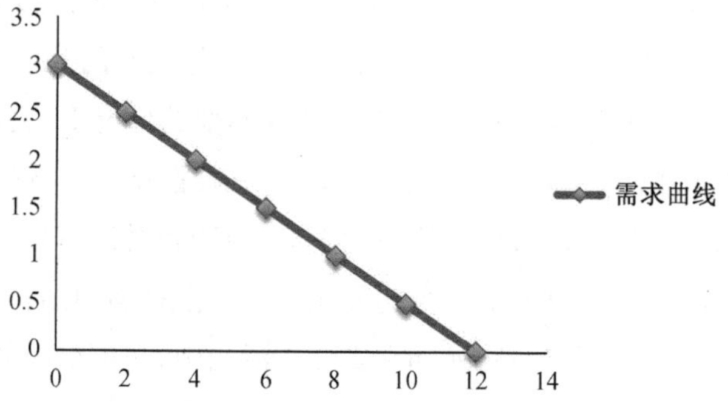

图 3－1 需求曲线

在介绍基本概念时，我们对市场目前的情况都进行了简化，即假设其他条件都是不变的。然而，市场远比我们想象的要复杂得多，由于一些客观因素的影响，我们对某些物品的需求量会发生变化。那么，根据需求量所绘制的需求曲线也就不再是原先的样子了。我们利用简单的逻辑分析(what、why 和 how)来研究是什么因素引起了需求量的变化，需求量如何变化，根据需求量绘制的需求曲线又会在图形上发生怎样的变化。

仍然是刚才的例子，现在有相关报道指出消费品 A 是同类产品的中质量最好的，是最环保节能的一款产品。这个报道会在一定程度上增加买方对消费品 A 的需求量，在原有价格水平不变的情况下，需求量会相应地发生变化，需求曲

---

① 因为当时人们实在太穷了，买不起太多的肉，只能买土豆充饥。土豆涨价，可是人们的收入并没有发生改变，所以人们变得更穷，更买不起肉，只能增加对土豆的购买来补救。

线也随之变动。

当然,需求量的变化有增加也有减少,那么,原有的需求曲线如何才能体现需求量的增加和减少呢?经济学家们用需求曲线一目了然地解释了需求量的变化情况:如果在某种因素的影响下每一个价格水平的需求量增加了,那么原有的需求曲线就会向右平行移动,这种变化被称为需求增加;如果在某种因素的影响下每一个价格水平的需求量减少了,那么原有的需求曲线会向左平行移动,这种变化被称为需求减少。

那么,影响需求变动的因素主要有哪些呢?经济学里面除了价格这个直观因素以外,我们主要讨论如下几种因素对需求量变化的影响,也就是我们通常所说的"非价格因素"(non-price factors)。

1. 收入(income)

收入代表着一个人的购买支付能力。收入与需求之间的逻辑关系非常容易理解。收入低时,一个人支付能力是有限的,所以他能购买的物品也是有限的,反之亦然。如果固定收入减少,人们能买到的东西就更少,此时需求自然就会减少;如果收入增加,情况正好相反,能买到的东西就更多,此时需求就会增加。设想一下,如果你失业了,那么你还会选择天天下馆子吗?没有固定收入来源的话,很多人估计会选择其他更为便宜的餐食或者自己做饭。

一个人的收入水平决定了他对商品的需求能力。不仅对于个人而言,收入对需求的影响很大,从更为宏观的角度来看,收入是经济学家观察一个地区经济状况的重要指标。

如果某种商品会随着收入的增加(减少)而增加(减少)对该商品的需求的话,那么这种商品则被我们称之为"普通商品"(normal good),也就是说,对于该商品而言,收入和商品需求成正比关系(positive relationship)。但也不是说,收入减少时,对物品的需求量就一定减少。在社会中不可能所有的商品都是普通商品,还有一些常见的特殊商品,它的需求量会随着收入的增加反而减少,收入与商品需求量之间成反比关系(negative relationship),这样的商品称之为"低档品"(inferior good)。

举一个例子来说,假如小美大学毕业刚开始工作时,她的起薪并不是很高,她选择在普通超市购买日常用品。经过几年的努力,小美被提升为总经理助理,工资翻了几番。收入增长之后,小美决定去精品超市购买日常用品。尽管精品超市的商品价格要高很多,但是对于追求更高生活品质的小美来说,她更愿意放弃普通超市的商品。那么,那些普通超市的日常用品就属于经济学意义上的低档品。值得注意的是,这里面所说的"低档"并不是说商品的质量不好,而是随着收入的升高被更为高级的商品逐渐取代。日常生活中也非常容易找到这样的例子,随着收入的增加,女孩子们的化妆品越用越高级,越买越贵。就像我们在网络游戏中的主人公一样,刚开始级别很低、收入(游戏币)很少,所以装备很差,随着收入的上升、装备更新换代,玩家会放弃那些低档装备,装备越来越高级。

2. 相关商品价格(prices of related goods)

• 情况一:替代品

人们对于商品需求发生改变的原因,除了自身的收入以外,还有可能是别的商品所导致的连锁反应。经济学家用替代品的概念来衡量某种商品的需求量受其他商品价格变化情况的影响。即某一种物品价格上升引起另一种物品需求量增加的情况下,这两种物品则被称为替代品(substitute)。

我们来分析这背后的逻辑关系,假如商品 A 价格上涨,根据需求定理,该商品的需求量会下降,如果此时商品 B 的需求量增加,这意味着消费者不买商品 A 而转头买商品 B,那么这两种商品就具有替代性。也就是说,两种商品带给消费者的满足感是差不多的,商品 A 和商品 B 被称为替代品。

例如,很多已经发行过的影片,在电影院和家里的网络资源都可以收看,不同之处在于:在电影院收看的效果好,但是需要买电影票,网络资源虽然播放效果一般,但是网络资源的费用低于电影票价格。假如,最近电影票的价格上涨,在不追求影院音响和画面感的情况下,你很可能会选择在家收看网络资源,毕竟从内容上看都可以满足你的观看需求,此时电影和网络电视就是互为替代品。通常情况下,替代品都是成对存在的,满足同一需求,彼此价格有一定差距,人们在其中一种商品价格发生变化时,对另一种商品的选择也会发生变化。如汉堡包和三明治、牛肉和羊肉、面包和馒头、牛奶和奶粉。

• 情况二:互补品

互补品(complement)是指需要与另一种商品一起消费的商品,也就是说两种商品要一起消费才能使消费者获得满足。一般而言,当某种商品的互补品价格下降,将会因为互补品需求量的上升而导致对该商品需求量的上升。简单点理解就是说两种商品属于捆绑在一起的,一荣俱荣一损俱损,例如汽车和汽油。购买汽车以后,需要用汽油才能使用,当汽车的价格上涨时,按照需求定理,正常情况下,购买汽车的需求量会相应地减少,同时对汽油的需求量也会相应地减少。换个情况,当汽油价格持续上涨,人们对汽油的需求量就会降低,长此以往也会限制人们购买汽车的数量,因此汽车和汽油是互为互补品的。通常情况下,互补品也都是成对的存在,同时满足同一需求,任何一种商品价格发生变化时会引起另一商品的需求量的变化,而且两者呈正比关系。如乒乓球与乒乓球拍、照相机与胶卷、自行车与自行车轮胎、颜料与画笔、铅笔与橡皮、牙刷与牙膏、镜框眼镜和镜片等。

我们以一道英国名菜——炸鱼和薯条(fish and chips)来弄明白替代品和互补品的区别。我们假设炸鱼的价格上升了,根据需求法则,人们应该会减少炸鱼的购买,从而选择另一种类似的油炸食物,如炸鸡腿,所以炸鸡腿的需求量可能会增加。因为炸鸡腿同样属于快餐食物,与炸鱼具有相同的功能。当某种商品(炸鱼)的价格上升时,对于另一件商品(炸鸡腿)的需求量会随之上升的话,两种商品呈反比关系,那么我们判断炸鱼和炸鸡腿属于替代品(substitute)。同样,由于炸鱼的价格上升,炸鱼的需求量下降,与它捆绑销售的薯条也卖得不好,需求量下滑。因为这两种商品在理论上是分不开的,那么当一件商品(炸鱼)价格上升时,另一件商品(薯条)的需求量也随之下降了,两种商品呈正比关系,由此,我们可以判断出炸鱼和薯条是互补品(complement)。

3. 偏好(嗜好)

偏好(嗜好)在理论上不是完全归结于经济学家来研究的,但是现实中人与人之间的品位或者口味都是有差异的,这很难用一个特别合理的规范来框定它。嗜好造就了人们对于该商品的需求,很难归纳总结出具体的原因。比如有些人喜欢喝可口可乐,有些人则只认准百事可乐。此外地理位置、生活习惯以及周围环境也会对人们的偏好产生影响,在中国的饮食方面也有着“南甜北咸东辣西酸”这样的传统,造成人们对于所需的食材需求有着很大的变化。而且偏好也不是一成不变的,会随着客观条件的变化发生动态改变。例如,原来你喜欢吃辛辣的食物,但是因为考上了江浙地区的大学,你需要在那学习四年。经过一段时间之后,受到当地饮食习惯的影响,你可能会变得不太喜欢吃较辣的食物,久而久之你的饮食偏好和习惯都可能会有所调整。

经济学家们认为人们在购买商品时,决定需求的最明显因素是人们的嗜好或有些经济学书把它解释为人们的品位(taste)。通俗一点的解释就是你的偏好、偏爱、你更喜欢的是什么。如上述例子中,尽管去电影院看电影的花费比在家里看电影的花费要高得多,但你就是喜欢去电影院,就是愿意多花钱去感受电影院带给你的视听效果,因为你认为在家里感受不到电影院的气氛。但是,别人的偏好可能跟你的不一样,抛开价格因素,有些人就是不喜欢去电影院,就喜欢在家里看电影。所以嗜好是因人而异的,经济学通常不会去解释为什么喜欢或为什么不喜欢,这不是他们关注的问题,经济学家们更关注的是当购买者的嗜好发生变化时需求会发生什么变化。比如,有一天你突然觉得在家也能感受电影院的观影效果时,你的嗜好可能发生了变化,这时你的选择也可能会发生改变,那么你对电影院的需求量会减少,在家观影的需求量会增加。这才是经济学想要研究的内容。

4. 预期(expectation)

人们对于未来的预期会影响现在对某些物品或者服务的需求。比如说,在年末的时候,我们知道自己会获得年终奖和双倍工资,那么在预知收入会增加时,自然会在这段时间出手阔绰,那么此时我们对各种商品的需求自然就增加了。这就是为什么我们在过新年之前一般都会增加各种商品花费的原因。同理,人们除了对收入会有预期以外,还会对商品价格有预期。例如,如果你预期明天油价会上涨,正好你的汽车也需要加油了,你是会选择今天去加油还是明天去加油呢?平常一周加半箱油(200 元),现在你打算加多少呢?你可能更愿意今天赶紧把油先加满,也许超出了 200 元的预算,甚至在条件允许的情况下,你会趁着今天油价较便宜多买一些汽油。如果没有预期,这些多出来的需求是不会有的,你可能还是老样子的,该加多少就加多少。

5. 买家数量(number of buyers)

市场上对某一物品有着共同需求的购买者的数量,也就是购买相同产品的消费者的数量。市场需求整体上还取决于买家数量,当买家数量增加时,在同一价格水平上,对某一物品的总需求量是会增加的,从而市场的总需求量也就增加了,相反买家数量减少,总需求量也会减少。

小结:

需求变化的原因有两种:一是价格因素所引起的变动,在其他影响购买者行为的变量保持不变的情况下,当某种商品的价格发生变动时,该商品的需求量会向着反方向变动;二是非价格因素所引起的变化,包括收入、相关物品价格、偏好、预期和买家数量。当这些因素发生变化时,需求量会随之增加或减少。

需求曲线的变化情况有两种:一是在需求曲线上的移动,即当价格变动时,需求量会沿着需求曲线在对应价格和需求量之间进行变动;二是需求曲线的平行移动,即非价格因素引起的需求量的变动,会使得需求曲线向左或者向右平行移动,而不是在原有的需求曲线上移动(表3-2)。

表3-2 价格因素和非价格因素对需求的影响

	价格因素 (price factor)	非价格因素 (non-price factor)
变化方式(change in variables)	点动(movement along):对应价格和数量的点在整条曲线上变化	线动(shift):需求曲线向左或向右平行移动
表达方式	需求数量变化	需求发生变化

从图3-2中,我们可以清楚地看到随着价格的下降,需求量逐渐增加,反之亦然。所以,由价格引起的是需求量的变化,反映在图形上是需求曲线上的点动。

从图3-3中,我们明显地看见需求曲线向左或向右平行移动。这是由于非价格因素所引起的需求的变化,反映在图形上是需求曲线的线动。

判断需求曲线是沿着需求曲线本身的点动还是需求曲线的平行移动,最简单的方式就是看影响因素。价格变动的表现为沿着需求曲线变动(点的移动),价格上涨需求量减少,沿着需求曲线左上方往上走;价格下降需求量增加,沿着需求曲线右下方往下走。而其他任何一个变量(非价格因素)的变动都会引起需求曲线的平行移动,即需求曲线整体左移或右移,左移即表达需求量减少,右移即表达需求量增加。

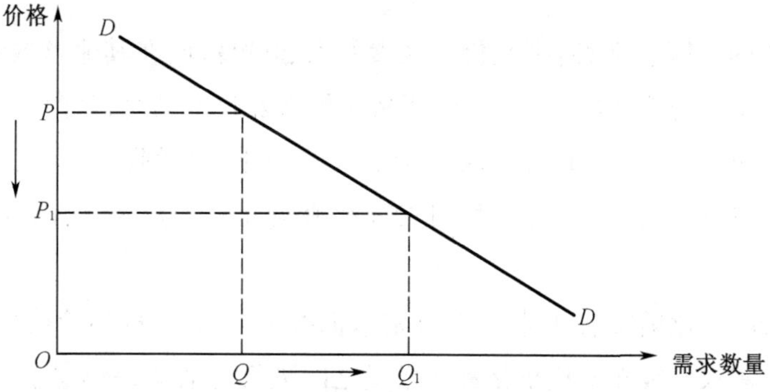

图 3-2 需求曲线的点动

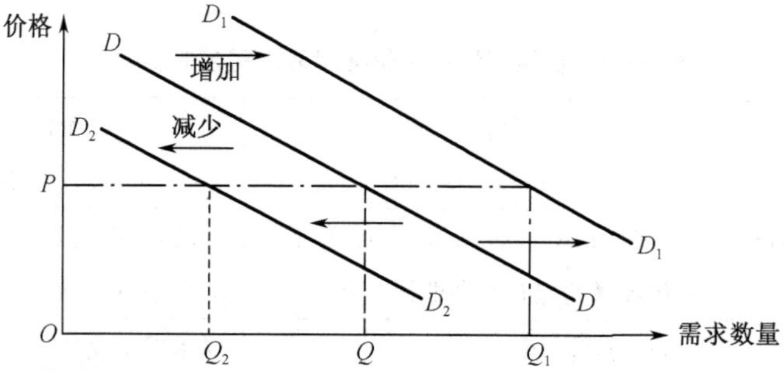

图 3-3 需求曲线的平行移动

3.1.3 市场需求和个人需求

前面解释比较多的都是某个人对某一物品的需求,即个人需求。然而,我们不可能只研究一个人,我们得分析市场的整体情况(即所有人的整体情况),经济学家用市场需求来研究所用人对某种物品或劳务的需求的总和。这里我们需要特别注意三个问题:一是涵盖市场上所有的购买者,二是针对同一种商品,三是需求的总和。个人需求曲线是比较容易绘制的,可以通过个人需求曲线的水平相加而得出市场整体的需求曲线。个人需求和市场需求的关系很像由点到面的逻辑,我们把单个需求的相关概念和逻辑关系研究清楚之后,只要把市场上所有的消费者对同一种商品的需求进行累加即可获得市场需求,并绘制出相应的市场需求曲线。

3.2 供　　给

3.2.1 供给定理

在研究价格和需求量关系的时候我们是从买方的角度来进行逻辑推理的，现在我们从卖方的角度去分析商品价格和供给量之间的关系。同需求一样，我们还是采用日常用品 A 的例子。假设市场上只有一种日常用品 A，卖家向市场提供的商品数量情况如表 3－3 所示。

表 3－3　供给表

价格/元	供给量
0	0
0.5	1
1	2
1.5	3
2	4
2.5	5
3	6

你会发现这个表格与前一小节的需求表非常相似，只不过此表格中的第二列显示的是供给数量。经济学家把这种反映某种物品的价格与供给数量关系的表格称之为供给表(supply schedule)(表 3－3)。在不同的价格水平下，卖家向市场提供的消费品 A 的数量是不同的。供给表简单地呈现了在诸多其他因素都保持不变或是没有产生任何影响的情况下，某种商品的价格与其供给量之间的关系。我们同样能轻松地解读出里面的信息：

(1)第一列价格是商品价值的货币表现形式，这与需求表里的第一列是一样的。

(2)第二列是供给量，它并不是普通意义的供给，而是卖家销售行为中表现出来的销售想法及其能够有能力出售这种产品的数量，这与需求表里的需求量逻辑极其相似。经济学家认为供给量必须是卖者愿意并且能够出售的某种物品或劳务的供给量。它必须具备两个条件:一是卖者对某一物品愿意出售的数量,二是卖者能够提供出售的数量。

例如,某红酒销售商目前每月固定向市场提供 10 箱红酒,如果最近该地区商业活动较为频繁,人们对红酒的需求增多,而且该销售商宣传活动做得很到位,他的红酒被一抢而空,此时,他很想再多卖 5 箱红酒多赚些钱,可是供货商要到下个月才给他提供新的 10 箱红酒。所以,尽管他想卖 15 箱红酒,但其中他还想多卖的这 5 箱红酒超出了他的销售能力,属于他每月固定之外或是他出售能力范围之外的数量,也就是他不可能实现的销售数量,所以我们不能将它计算在供给量当中。而之前他想卖且已卖出去的 10 箱红酒才是经济学里探讨的供给量。

因此,在界定供给量时,一定有两个衡量标准:一是卖者愿意卖,二是卖者实际能够卖出的数量。关于需求量和供给量逻辑是一致的,必须符合两个标准:主观意愿(愿意购买的数量、愿意销售的数量)和实际数量(实际购买的数量、实际销售的数量)。

(3)价格与供给量的关系。进一步观察上面的表格,我们同样能很直观地看到卖者对日常用品 A 的供给量如何随着商品价格的变化而变化,具体表现为价格上涨、供给量就增加,价格降低、供给量就减少。当消费品 A 的价格是 0 元时,对消费品 A 的供给量是 0 个;当消费品 A 价格是 1 元时,对消费品 A 的供给量是 2 个;当消费品 A 价格是 2 元时,对消费品 A 的供给量是 4 个;直到当消费品 A 的价格是 3 元时,对消费品 A 的供给量是 6 个。通常,价格为 0 和供给量为 0 的极端例子是比较罕见的。我们能清楚地看到卖家出售的日常用品 A 的供给量会随着价格的上涨而不断增加,价格在不断下降的同时,供给量也在不断减少。

经济学家们用供给定理(law of supply)揭示了价格与供给量之间的正比关系,即在其他条件不变时,一种物品的价格上升,对该物品的供给量会增加;一种物品的价格下降,对该物品的供给量会减少。价格与供给量的这种变化关系对于经济中的绝大部分物品来说都是成立的。在实际生活当中,如果某种商品的价格在上涨,在没有其他因素干扰的情况下(即正常情况下),市场上销售的物品会增加(单个厂商提高产量)或是有更多的卖家提供该物品(生产该商品的厂商数量增加),客观上会引起该物品的供给量增加;相反价格下降时,该物品的市场供给量会减少或是有部分卖家减少出售量甚至退出市场。这个逻辑很好理解，就算没有学过经济学也能轻松地解释价格与供给量之间的关系。价格高的商品，生产者见到生产该商品有利可图，自然会加大投入、努力提高该产品的产量，从而赚取更大利润；如果商品价格低，生产者赚取不了太多的利润，增加产量不但卖不出去，还有可能加大亏损，没有任何一家企业愿意这样做。关于企业成本、利润及决策等问题，我们会在后续的章节中详细讨论。

3.2.2 供给曲线

经济学家用需求曲线来表示价格与需求之间的关系，同理，他们用供给曲线(supply curve)(图3-4)形象地展示了价格和供给量之间的正比例关系，即表示某种物品的供给量如何随其价格的变化而变化。请大家根据供给表上的价格和供给量绘制一条供给曲线，将商品价格与供给量联系在一起，横坐标代表卖家出售的日常用品A的供给量，纵坐标代表日常用品A的价格。由于价格上涨，供给量增加，反之亦然，因此会画出一条向右上方倾斜的曲线。

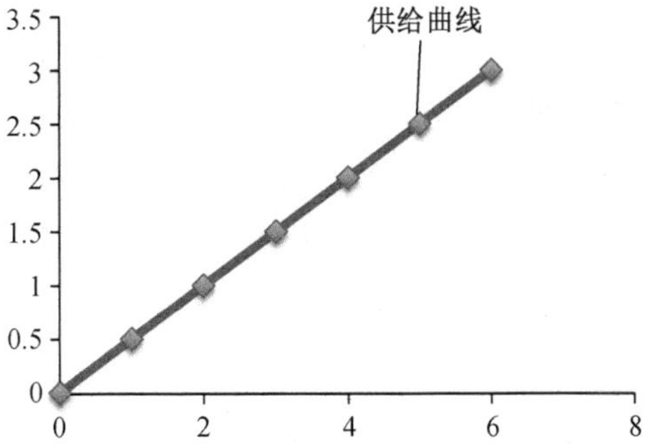

图3-4 供给曲线

与需求曲线的影响因素和变化情况类似，供给曲线同样会受到某些客观因素的影响。我们知道如果价格发生变化，需求量会在需求曲线上移动，如果受到非价格因素的影响，需求曲线会整体向左或者向右平行移动。同理，供给也会受到价格和非价格因素的影响，从而引起出售物品的供给量以及供给曲线的变化。价格发生变化时，供给量会在供给曲线上移动，如果受到非价格因素的影响，供给曲线会整体向左或者向右平行移动。

在解释供给定理时，我们已经分析过了价格和供给量之间的关系，现在我们来看非价格因素对供给的影响。

仍然是日常用品 A 的例子,假设现在有一则新闻报道:生产日常用品 A 的原材料价格下降。对于厂商而言,这绝对是个利好消息。因为原材料的价格下降,也就是说生产该商品的成本降低了,这就意味着销售日常用品 A 的利润空间变大了。在假定其他条件不变的情况下,这个激励会在一定程度上增加市场上日常用品 A 的供给量。在原有价格水平保持不变的基础上,供给发生变化,供给曲线也随着变动了。经济学家认为如果在某因素影响下每一个价格水平的供给量增加了任何变动,都会使原有的供给曲线向右移动,这种变化被称为供给增加;如果在某因素影响下让每一个价格水平的供给量减少了任何变动,都会使原有的供给曲线向左移动,这种变化被称为供给减少。那么在这个例子中,由于商品成本降低导致供给量增加,那么供给曲线是如何变动的呢?显而易见,整体供给曲线是向右移动的。

现在,我们来总结一下影响供给变动的主要的非价格因素。

1. 投入品价格(input price)

为了生产某种商品,企业投入到商品生产过程中的所有人力、物力、财力的价格总和称为投入品价格。投入品价格也是一个价格因素,但是为了和商品整体价格区分开,我们这里把它作为“非供给原理中的价格因素”来讨论。投入品价格也就是我们常说的生产成本。当投入到某物品生产过程中的其他原材料的价格上升时,生产某物品的成本就增加了,在市场现有的价格水平下,利润空间就变小了,卖家觉得有利可图的机会缩小,在市场上出售的该物品的供给数量就相应减少了。相反,如果投入品价格下降,生产某物品的成本减少,在市场现有的价格水平下,利润空间就变大了,卖家觉得有利可图的机会变大,在市场上出售的该物品的供给数量就相应增加了。这就是我们上面所分析的成本下降的利好消息对产品供给的影响。因此,一种物品的供给量与生产该物品的所有投入品的价格呈反比例关系。

2. 技术(technology)

技术是指制造一种产品的系统知识,所采用的一种工艺或提供的一项服务,不论这种知识是否反映在一项发明、一项外形设计、一项实用新型或者一种植物新品种,或者反映在技术情报或技能中,或者反映在专家为设计、安装、开办或维修一个工厂或为管理一个工商业企业或其活动而提供的服务等[1]。经济学中把技术作为投入品放到商品生产当中去思考,技术也是有价格的。因此,技术的价格变化会引起物品供给量的变化。在经济学中,技术对于企业甚至对于一个国家来说都是一个至关重要的变量,若企业生产商品的技术水平提升了,这意味着单位时间内生产该物品的社会必要劳动时间减少了,也就是生产效率提升了,同一时间内生产的该物品的数量就增加了,企业生产该物品的总体成本降低。例如,以前的手工作坊用简易的织布机进行人工织布,随着科技的革新、技术的进步,手工作坊被现代化织布机器所代替,原本 1 小时只能织出 10 块布,在技术水平提升后,1 小时可以织出 50 块布,大大增加了单位时间的生产效率。在目前生产该物品的其他原材料价格不变的基础上,企业能够提供更多的商品,换句话说,技术进步通过提升市场效率从而增加该物品的供给量(卖家能出售的商品数量)。

3. 预期(expectation)

在分析需求变化时,我们同样提到了人们的预期,只不过我们是从消费者的角度来分析买家对于未来的预期对需求的影响,现在我们从生产者的角度来理解卖家对于未来的预期如何影响企业对某种商品或服务的供给。比方说,假如卖家对市场前景比较看好,认为消费者的购买力也会不断增加,会有更多的人购买他的商品。在这种情况下,理性卖家会在一定程度上增加产量,也就是增加市场上该物品的供给量。例如,假设加油站(卖家)预期明天油价会上涨,那么,如果今天有人来加油的话,加油站有可能会采取什么行动呢? 可能加油站不会像平常一样正常供应,会选择限量供应或者拒绝销售,甚至欺骗消费者汽油卖光了,等到明天再进行销售。因为现有的油到明天就会按照预期的高价销售,从而获取更多的利润。在这种情况下,当下的供给量就减少了。如果没有预期,供给量不会被限制,也不会减少,卖家也不会想着通过减少当前的市场供给量等到将来获取更多的利润。

4. 卖者数量(number of sullers)

市场上同时销售某种物品的所有卖家的数量,市场供给整体上还取决于卖家数量。在同一价格水平上,就算单个厂商的供给量不变,由于厂商数量的上

---

① 世界知识产权组织在 1977 年出版的《供发展中国家使用的许可证贸易手册》对技术的定义。

升,市场上对某一物品的供给量也会增加的;相反,卖家数量减少,市场上该商品的供给量也会减少。生产厂商的数量的多少还决定了不同的市场结构,我们会在后续的章节进行详细阐述。

小结:

供给变化的原因有两种:一是价格因素所引起的变动。在其他所有影响生产者行为的变量保持不变的情况下,当某种商品的价格发生变动时,该商品的供给量会产生同方向变动;二是其他任何一个变量(非价格因素)引起的变化,包括投入品价格、技术、预期、卖者数量。当这些因素发生变化时,供给量会随之增加或减少。

所对应的供给曲线的变化情况有两种:一是供给曲线上的移动,即当价格发生变动时,供给量会沿着供给曲线在对应价格和供给量之间进行变动;二是供给曲线的平行移动(向左或者向右移动),而不在原有的供给曲线上移动(表3-4)。

表3-4 价格因素和非价格因素对供给的影响

	价格因素 (price factor)	非价格因素 (non-price factor)
变化方式(change in variables)	点动(movement along):对应价格和数量的点在整条曲线上变化	线动(shift):供给曲线向左或向右平行移动
表达方式	供给数量变化	供给发生变化

从图3-5中,我们可以清楚地看到随着价格的上升,供给量逐渐增加,反之亦然。所以,由价格引起的是供给量的变化,反映在图形上是供给曲线上的点动。

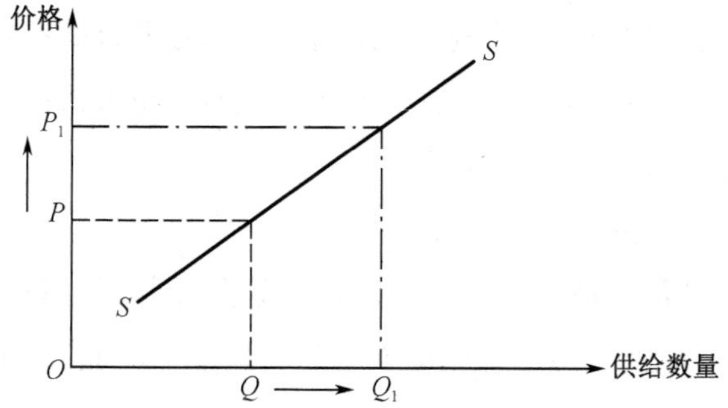

图3-5 供给曲线的点动

从图3－6中,我们明显地看出供给曲线向左或向右平行移动。这是由于非价格因素所引起的供给的变化,反映在图形上是供给曲线的线动。

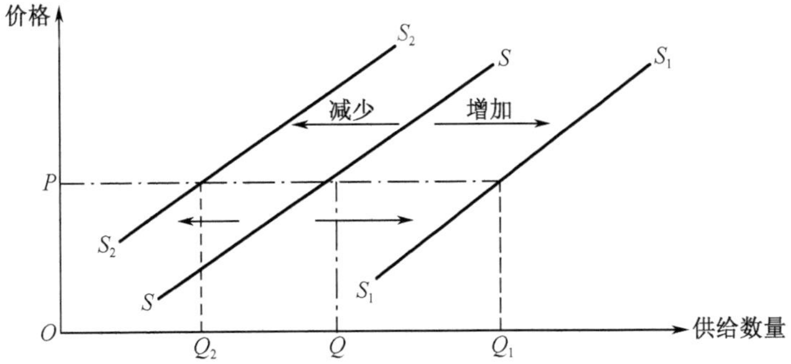

图3－6　供给曲线的平行移动

判断供给曲线是沿着供给曲线本身点的移动还是线的平行移动,最简单的方式就是看影响的因素。价格变动的表现为沿着供给曲线上点的移动,价格上涨,供给量增加,沿着供给曲线右上方往上走;价格下降,供给量减少,沿着供给曲线左下方往下走。而其他任何一个变量(非价格因素)的变动将引起供给曲线的平行移动,即供给曲线整体左移或右移,左移即表示供给量减少,右移即表示供给量增加。判断的逻辑方式与需求曲线的变动是一样的。

3.2.3　市场供给与个人供给

正如市场需求是所有买者需求的总和一样,市场供给是所有卖者供给的总和。个人供给表示单个卖家能出售的某种物品的供给量。作为市场整体而言,经济学的市场供给是在每种价格水平下所有卖者的供给量之和。这里同样需要注意三点:一是涵盖了所有的出售该物品的卖者,二是针对同一物品,三是供给的总和。市场供给是个人供给的叠加,市场供给曲线则通过个人供给曲线的水平相加。

3.3　市场均衡

前两个小节我们分别讨论了需求和供给,根据需求定理和供给定理,我们可以看出价格变化对需求和供给的作用正好相反。本节我们将需求和供给结合起来,看看它们是如何共同决定市场上某种物品的数量和价格的。模仿经济学家的思考方式进行假设(假设市场上只有买方和卖方,而且只有一种商品),我们将之前例子中日常用品 A 的需求曲线和供给曲线画在一起。横坐标是日常用品 A 的数量,纵轴是日常用品 A 的价格。图 3 -7 是市场需求曲线和市场供给曲线的结合,同时体现了市场供给和市场需求的情况。在图 3 -7 中,我们可以明显地看到供给曲线和需求曲线相交,由此我们来学习几个基础知识点。

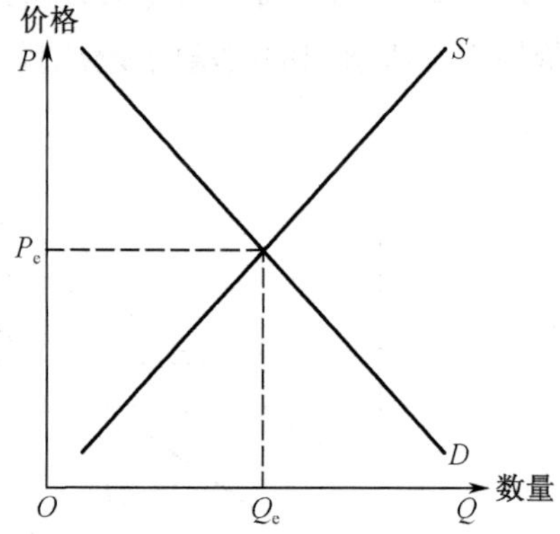

图 3 -7 供给需求曲线

3.3.1 均衡、均衡价格、均衡数量

1. 均衡(equilibrium)

供给曲线和需求曲线相交的那个点(经济学家称之为均衡点),反映的是市场价格达到使供给量与需求量相等水平时的状态。也就是说,在此均衡点上,该价格对应的供给量和需求量是相等的。

2. 均衡价格(equilibrium price)

需求曲线和供给曲线的交点所对应的纵坐标的数字就是均衡价格,即供给与需求平衡的价格。

3. 均衡数量(equilibrium quantity)

供给曲线和需求曲线相交时,那个点对应的横坐标的数量就是均衡数量,此时均衡数量既是供给量又是需求量,供给量与需求量相等。

在均衡价格时,买者愿意而且能够购买的物品数量正好与卖者愿意而且能够出售的数量相平衡(即均衡数量),此时市场处于一种平衡的状态,我们也称这种情况为市场均衡。我们从日常用品 A 的例子可以看到,需求曲线与供给曲线相交达到了均衡时所对应的均衡价格是 2 元,均衡数量是 4 个。

下面我们来分析市场上有可能会出现的两种情况。一是价格高于均衡价格(如 3 元),二是价格低于均衡价格(如 1 元)。结合上面几个知识点,我们来看看市场是如何实现均衡的。

• 情况一:市场价格高于均衡价格。如果市场价格高于均衡价格的任一价格,我们由此来分析这种情况下的供给曲线和需求曲线情况。当商品价格高于均衡价格时,供给曲线对应的供给量大于需求曲线对应的需求量,也就是市场供给大于市场需求。供给量大于需求量的状态被称为过剩,也称为超额供给。

产生原因:商品的实际价格在高出市场均衡价格时,吸引了卖家加大产量或诱使新的卖家进入该市场,从而使得供给增加,造成市场上有多余的物品可供出售,超出了市场的需求。也就是说卖家生产的商品太多了,而且商品价格太高,消费者也不愿意进行购买,从而导致厂商并不能卖出自己想卖的商品,导致商品滞压。为了卖出这些过剩产品,卖家的解决办法就只有降价或者打折促销,在最短时间内将这些过剩商品处理掉。随着商品价格下降,需求量会增加,生产者过剩的供给量会逐渐减少,直到价格下降到均衡价格时,供给量和需求量相等,价格就不会再下降了,此时的价格就是均衡价格,如图 3 - 8 中反映供给量的供给曲线和反映需求量的需求曲线相交处。这种变化在图形上看:①非价格因素导致供给曲线向右移动,造成供给大于需求;②生产者降价促销,使得需求量和供给量分别沿着需求曲线和供给曲线上的移动;③回归到均衡状态,形成均衡价格和均衡数量。

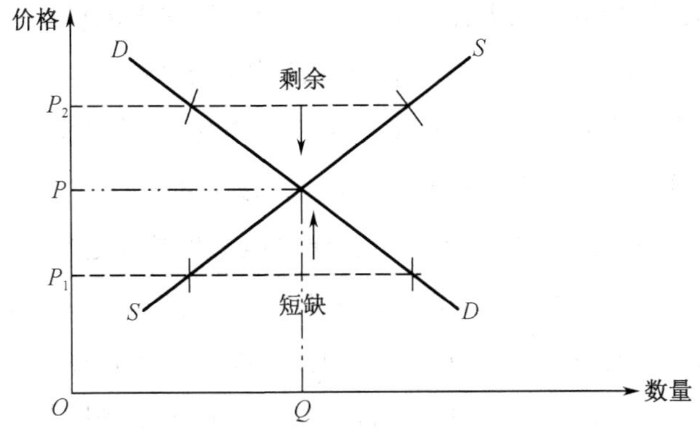

图 3 - 8 剩余(surplus)及短缺(shortage)

• 情况二:市场价格低于均衡价格。如果市场价格在低于均衡价格的任一价格上,我们同样分析在此情况下供给曲线和需求曲线的变化。价格低于均衡价格的话,需求曲线对应的需求量大于供给曲线对应的供给量,也就是市场对物品的需求大于卖家的供给。需求量大于供给量的状态被称为短缺,也称为超额需求。

产生原因:商品的实际价格低于市场均衡价格时,在商品质量等其他条件不变的情况下,需求者肯定乐意购买商品,因此商品的需求量增加,但在这个比较低的价格上,卖家是不愿意增加产量的,所以卖家愿意并且提供出售的供给量低于消费者的需求量,就造成了短缺的现象。因为供给量不够,消费者就只能去抢购,消费者不能买到他们想买的相应数量的物品,甚至有些消费者根本就买不到商品。总之,消费者的需求量并未得到满足,卖家面对这种情况,觉得市场需求大,可能会进行两种选择。选择一:抬高价格,这样能赚取更多的利润。抬高价格后,很多人觉得东西贵了,不值得买了,需求量就减少了,选择二:提高产量,那么市场上的商品数量增多。随着产量增加,供给量增加,改变了商品短缺现象。无论哪一种选择,结局都是一样的。随着商品价格上涨,消费者过剩的需求量会减少,生产者供给量会逐渐增多,直到价格上升到均衡价格时,供给量和需求量相等,价格就不会再上浮了,此时的价格就是均衡价格,即在图形(3-8)中供给曲线和需求曲线的相交处。此时,价格和供给量都不再变化,到达供给曲线和需求曲线的相交之处。这种变化在图形上看:①非价格因素导致需求曲线向右移动,造成需求大于供给;②生产者抬高商品价格或加大产量,使得需求量和供给量分别沿着需求曲线和供给曲线线上的移动;③实现市场均衡,价格成为均衡价格,供给量与需求量相等(均衡数量)。

亚当·斯密提出看不见的手能够实现市场均衡,无论是价格高于均衡价格或是低于均衡价格,最终都会通过供给平衡实现自我调节,最终使市场的供给和需求实现均衡,即通过在需求曲线和供给曲线上的移动达到均衡状态。这种情况比较普遍,被经济学家称为供求定理(law of supply and demand),即任何一种物品的价格都会自发调整使该物品的供给与需求达到平衡。起初物品推向市场的时候,价格可高可低,也许大家都不知道均衡价格到底是多少。但是,买者和卖者所采取的活动都是他们受价格影响后的行为变化,都是自发的,所有的变化和调整都是为了让卖者与买者的诉求达到满足。在市场自我调节的过程中,实现在某种价格水平下,卖者愿意出售和能够出售的供给量与买者愿意购买并且能够支付的需求量相一致。

如果供给水平不一致,无非就出现两种情况:

(1)供给小于需求(供不应求),卖方处于优势地位,那么卖家明明可以用更高的价格销售更多的物品,为什么不卖贵一点呢?答案非常简单。因为价格高了,消费者购买的数量减少了,所以对于厂商而言,实际利润并不会增加。

(2)供给大于需求(供过于求),买方处于优势地位,那么买方明明可以低价购置更多的物品,为什么不能以低价够买呢?因为理性的消费者都会去买价格便宜的商品,购买商品的人多了使得商品数量迅速减少,甚至会造成抢购的情况,单个买家能买到的商品数量就有限了。

达到均衡是一个动态的过程,也需要相应的时间,这取决于价格调整的速度。通过价格调整,价格达到均衡水平状态时,无论是过剩还是短缺都得到了解决,因此两种情况都是动态的、暂时的,不可能一致处于短缺或过剩。我们用天平形象地理解均衡的概念,若天平两边质量不一致时,就会出现天平向左边或向右边倾斜的现象,也就是我们所说的过剩(供大于求)和短缺(供不应求)的情况(图3-8)。只有天平两边质量一致时(供给量和需求量一致时)才能达到平衡(实现均衡),一旦天平任何一边的情况发生了变化,哪怕是非常细微的变化,天平的平衡就会被打破。

3.3.2 均衡的变动

均衡是一种动态状态,随着某些因素的影响,均衡则会被打破,在经过一段时间的自行调整后形成新的均衡。市场上某一物品的均衡价格不是固定不变的,总会有变化,但变化之后,对供求产生新的影响,在供求关系不断调整的过程中形成新的均衡。接下来,我们将按照具体的步骤来分析某个激励(事件)影响现有的均衡从而形成新的均衡的过程。具体步骤如下:

- 步骤1:根据激励的影响先判断该变化是导致供给曲线的移动(供给变动)还是需求曲线的移动(需求变动),抑或是导致两者都移动。补充说明一下,曲线的移动与沿着曲线的变动是不一样的,我们之前比较过,这里再次区分一下:供给或需求曲线的平行移动被称为“供给或需求移动”,沿着供给曲线或需求曲线的变动被称为“供给量或需求量的变动”。
- 步骤2:确定曲线移动的方向(向左平行移动还是向右平行移动)。
- 步骤3:用供给需求图来说明这种移动如何改变均衡价格和均衡数量。

整体来看均衡变化时是比较麻烦的。但是,通过上述三个步骤,我们可以利用前面两节关于需求和供给的知识来化繁为简进行研究。尤其需要注意的是在步骤 1 中,不管是由于何种因素或事件所引起的变化,其结果只有三种可能性:要么仅让需求发生变化;要么仅让供给发生变化;要么让两者都产生变化。所以,我们用同样的步骤来分别将这三种情况逐一进行分析。

可能性 1:仅需求发生变化(由于需求移动引起的市场均衡变动),供给不变。

• 步骤 1:判断依据是需求曲线移动、供给曲线移动,还是两条曲线都在移动。可能性 1 发生时,我们能明确只有需求发生变化,所以,只有需求曲线移动,供给曲线不变。也就是说,受市场上某些客观因素的影响,造成消费者在同一价格水平下对某物品的需求量增加或减少,需求变动带来需求曲线移动,但供给曲线没有变化。

• 步骤 2:我们需要明确需求曲线移动的方向。需求变动造成需求曲线移动的方向为两种:需求增加,需求曲线向右移动;需求减少,需求曲线向左移动。

• 步骤 3:用供求图说明这种移动如何改变均衡价格和均衡数量。

因为供给曲线自始至终没有变化,需求曲线左移或右移,此时原有的均衡被打破,新需求曲线会重新与供给曲线相交,形成新的均衡点,实现新的均衡。需求增加,需求曲线向右移动,供给不变,新需求曲线与原有供给曲线相交,引起均衡价格上涨。从而导致商品的价格上升,供给量增加,这种供给量的增加表现在沿着供给曲线的变动;同理,需求减少,需求曲线向左移动,供给不变,引起均衡价格下降。从而导致商品的价格下降,供给量减少,这种供给量的减少变现在沿着供给曲线的变动。

举个例子:假设市场上某种面包的价格(均衡价格)是 5 元,所有生产者提供出售的面包总供给量为 100 个,在这个价格水平下,消费者的需求量也是 100 个。假设天气变冷了,人们对热量的需要增加,有些人平时只买一个面包,现在可能多买好几个面包,从而造成整体变化:即使面包价格不变,消费者都比之前买得多。假设在一段时间内,商品价格没有变动(仍维持在 5 元这个价格),卖家愿意提供并且能提供的量还是只有 100 个。那么随后会出现什么结果呢?由于需求大于供给,造成短缺,人们会选择去抢购面包。这样会让卖家觉得面包销量很好,很紧俏,自然会选择多做一些面包多赚钱。但对于所有卖家而言,整体的供给是没有变化的,唯一变的就是供给量的变化(供给数量增多),所以我们只能在目前的供给曲线上向上方移动。随着供给量的增加,价格得以提升,因为这是在当下的情况下,厂商愿意给出价格和供给量,这是满足了增加的需求,价格上涨直到实现新的均衡为止。这个新均衡价格高于原来的价格,并且使供给量和需求量都比之前的均衡数量要多。

可能性2:仅供给发生变化(由于供给移动引起的市场均衡变动),需求不变。

• 步骤1:判断依据是需求曲线移动、供给曲线移动,还是两条曲线都在移动。可能性2发生时,我们能明确只有供给发生了变化,所以,只有供给曲线移动,而需求曲线不变。也就是说,受市场上某些客观因素的影响,造成生产者在同一价格水平下对某物品的供给量增加或减少了,供给变动带来供给曲线移动,但需求曲线没有变化。

• 步骤2:我们需要明确供给曲线移动的方向。供给变动造成供给曲线移动的方向为两种:供给增加,供给曲线向右移动;供给减少,供给曲线向左移动。

• 步骤3:用供求图说明这种移动如何改变均衡价格和均衡数量。因为需求曲线自始至终没有发生变化,供给曲线左移或右移时,原有的均衡被打破,新供给曲线会重新与需求曲线相交,形成新的均衡点,实现新的均衡。供给增加,供给曲线向右移动,需求不变,新供给曲线与原有需求曲线相交,引起均衡价格下降。从而导致商品的价格下降,需求量增加,这种需求量的增加表现在沿着需求曲线的变动;同理,供给减少,供给曲线向左移动,需求不变,引起均衡价格上升。从而导致商品的价格上升,需求量减少,这种需求量的减少表现在沿着供给曲线的变动。

借用上面的例子,假定现在需求是保持不变的。由于生产面包的成本下降,在现有的均衡价格下,卖家能提供的面包供给量增加,供给曲线向右移动,卖家认为成本降低了,没必要将达到一个比较高的价格水平(尽管卖家希望价格越高越好,但适当降低价格更能诱使销售量增加,从而增加利润)。卖家增加了愿意卖和能够出售的供给量,所以商品的价格变低了,但需求本身是没有变化的,变化的是由于价格降低所导致的需求量的增加,形成剩余。这时,新的供给曲线和原有需求曲线交叉形成新的均衡点,这个新均衡价格低于原先的价格,供给量和需求量都比之前的均衡数量要大。

可能性3:需求和供给同时发生变化(供给和需求同时移动引起的市场均衡变化)。

• 步骤1:这种情况下,可以明确供给和需求都发生了变化,供给曲线移动,需求曲线也移动。

• 步骤 2:确定供给曲线移动和需求曲线移动的方向。供给变动造成供给曲线移动的方向有两种情况:供给增加,供给曲线向右移动,供给减少,供给曲线向左移动。需求变动造成需求曲线移动的方向也有两种情况:需求增加,需求曲线向右移动;需求减少,需求曲线向左移动。

• 步骤 3:用供求图说明这种移动如何改变均衡价格和均衡数量。供给和需求都变化的情况是比较复杂的,两条反映其数量的曲线都在变动,除了平行移动方向的问题,还需要考虑的是两者的对比问题,即供给和需求的变化幅度问题(谁的变动幅度更大/小)。

现在,我们以供给和需求都增加的情况(即供给曲线和需求曲线都向右平行移动)为例,揭示供求变化的分析方法。生产成本增加了(供给减少,供给曲线向左移动),消费者的需求也增加(需求增加,需求曲线向右移动)的时候是如何发生变化的。

第一种情况,供给变动幅度大于需求变动幅度。生产成本大幅增加,供给大幅减少,表现在图形上是供给曲线左移,从而引起价格上涨。与此同时,需求也在增加,需求曲线右移,但它移动的幅度不大,明显供给大量减少而需求少量增加。也就是说供给量大量减少所引起的价格上升大于需求量少量增加所引起的价格上升,所以整体价格是上升的,但供给和需求形成的新均衡数量是比原有的均衡数量少。

第二种情况,需求变动幅度大于供给变动浮动。需求大幅增加,表现在图形上是需求曲线右移,从而引起价格上涨。与此同时,供给量减少,即供给曲线图形左移,但它移动的幅度并不大,明显需求大量增加而供给少量减少。也就是说需求大量增加所引起的价格上升大于供给少量增加所引起价格上升,所以整体价格上升,但供给和需求形成的新均衡数量是比原来的均衡数量多。需求和供给都变化的情况下,要分步骤、按具体变化程度来分析。

当然,供给和需求分别有各自的变化情况,如果将两者结合起来(即供给和需求都发生变化的情况)分析就会有四种可能性(如表 3 - 5)。

表 3 – 5 均衡变化可能的各种组合

	供给不变	供给增加	供给减少
需求不变	价格相同 数量相同	价格下降 数量增加	价格上升 数量减少
需求增加	价格上升 数量增加	价格不确定 数量增加	价格上升 数量不确定
需求减少	价格下降 数量减少	价格下降 数量不确定	价格不确定 数量减少

小结:我们已经按三种变化情况分步骤详细介绍了均衡变动的过程,大家在学习过程中,可以结合实际,参照需求曲线和供给曲线的绘制方法来进行均衡变化的分析。

表 3 – 5 把所有需求、供给单独引起的变动和两者共同引起的变动情况都涵盖了,除了供给和需求都不变,一共有 8 种情况。单独由需求引起的变动有两种,单独由供给引起的变动也有两种。由需求或者供给单独引起的变动,价格和数量的变化都很明确,分析也比较简单;需求和供给共同引起的变动有 4 种情况,价格和数量都有不确定的时候,需要对比需求和供给的变化幅度大小来明确结果,这就需要我们利用下一章节(弹性)的知识来帮助我们进行具体分析了。

3.4 需求、供给与政府政策

上面三个小节的内容让我们对市场领域的供给、需求有了一个比较全面的、科学的认识,因为市场的主体不只是只有买方和卖方,还有政府的作用。下面我们就尝试着用这些基础理论来分析一下政府政策。看看政府在具体的市场环境中,是否可以通过相关政策来影响市场需求和供给。我们这里主要讨论两个比较代表性的非常重要的政府政策,一是价格控制,二是税收。

3.4.1 价格控制

价格控制是政府对市场的一种干预行为。在市场上,卖者希望价格越高越好,买者希望价格越低越好,两个主体利益对立,处于一种博弈过程当中(关于博弈论,我们会在寡头垄断市场章节中进行详细解释)。政府通过自己判断,选择更倾向于某一方,通过价格控制来保护它所倾向一方的利益。

价格控制分为两种:一个是价格上限,即出售某种物品的法定最高价格;另一种是价格下限,即出售一种物品的法定最低价格。如果政府倾向于维护消费者权益,价格控制就是设定价格控制上限,出发点是通过限制价格上限(price ceiling),价格不允许过分涨高,消费者不会买到价格昂贵的物品,从而获得实惠。如果政府倾向于维护生产者权益,价格控制就是设定价格下限(price floor),出发点是通过限制下限,价格不允许过分下调,生产者就不会以特别低的价格销售物品,从而获得相应的收入。

我们将分别分析价格上限(价格高于均衡价格)和价格下限(价格低于均衡价格)对市场所产生的作用。

1. 价格上限(试图保护消费者利益)

假如某物品的均衡价格是 10 元,而价格上限的价格是 15 元,这时价格上限是没有任何效果的,即非限制性的。因为在 10 元的时候,卖家和买家都得到了满足,供给量与需求量达到一致。商品价格为 10 元的时候就已经成交了,15 元的价格上限形同虚设,没有意义,起不到让消费者得到实惠的效果,发挥作用的只是市场自己的力量。

假如某物品的均衡价格是 10 元,而价格上限是 8 元,这时价格上限就有效果了。这种限制性约束从政策上规定了市场上销售的物品价格不能超过 8 元,那么问题就来了。在原有的供给曲线和需求曲线上,愿意以 8 元出售的供给量小于愿意以 8 元购买的需求量,市场被人为造成了短缺,市场供给的物品是通过排队机制购买和卖家偏好来选择出售的,简单点说,就是供给量有限,生产者占据上风,生产者可能会选择采取先到者先得或是挑选自己想卖的顾客。卖方占据市场优势,这种情况下,总会有人买不到商品。原本政策的初衷是为了让消费者受益,但实际结果却只有一部分受益。消费者可能要去排队抢购,所产生的结果比没有价格上限时糟糕多了,但这部分消费者好歹也买到了商品,还有部分消费者甚至有可能什么也买不到。对所有参与购买的消费者都略失公平,因为在没有市场上限时,消费者不需要排队,也不会受卖家选择,更不会买不到自己想买的商品。没有价格上限时,市场还要更有效率些。所以,政策似乎不像想象的那样发挥作用。

若设置的价格上限太高(高于均衡价格)那么价格控制彻底没用;若设置的价格上限低于均衡价格,那么政策只能让部分人受益,这种结果远不如不设置价格控制的时候更有效。所以,对于政府而言,政府对市场的干预行为反而破坏了市场均衡发展,这种政策不但违背了市场规律,而且对整体社会福利也不是合意的(我们会在福利经济学章节重点介绍)。

2. 价格下限(试图保护生产者利益)

假如某商品的均衡价格是10元,若价格下限是8元。那么,价格下限是无效的,因为在10元时,市场已经达到均衡,这个8元就没有任何实际意义了,卖者不会因为这个政策而多获得实惠。

假设价格下限高于均衡价格,如以15元为最低价来销售物品。那么,在这个价格水平上,愿意提供商品的卖家数量肯定会增加,供给量大于愿意按这个价格购买的需求量,市场出现过剩,即限制性价格下限人为引起过剩。那么,市场上卖家所提供的商品在价格下限水平上就会存在卖不出去的情况,因为部分消费者接受不了商品的高价格而减少了购买量,只有那些能通过自己方式吸引消费者的卖家能将商品卖出去。价格下限本来是想让卖家受益的,但结果却使得部分卖家获益,出现商品供过于求的情况(过剩),消费者减少了消费。同样可以看出没有价格管制的市场会更有效率。对于这种无效或只让部分人受益的现象,政府也不愿意看到这样的局面。换句话说,价格下限这种政策会造成损失,政府干预的结果反而更糟糕

通过上面的分析,我们可以看出无论是价格上限还是价格下限,效果都不理想,甚至根本就是无效的,都会产生一系列负面的影响。经济学家反对设定价格上限和价格下限。也就是说,在不出现外部性的其他情况的时候,经济学家们反对政府对市场进行干预,主张市场自我调节达到均衡。当政策的制定者通过法律的强制作用来实施价格管制时,忽视了市场自我调节的作用。本来制定政策的目的是决策者认为不公平,需要通过一些方法来保护某些人的利益,结果却事与愿违,可能会造成部分市场参与者获益或受损的结果。而且,即便是政策获益方也付出了在没有价格控制时的代价,政策并没有达到预期效果,没有能够帮助到它想帮助的群体。

政府的重要职能不光是兼顾效率还要维持社会公平。那么,政府有没有其他办法去维持社会公平呢?除了控制价格以外,其实还有很多其他的方法来帮

助那些需要帮助的人，如政府有针对性的补贴等。尽管这些替代性政策往往比价格控制的效果好，但也不是完美的。因为这些政策使政府产生了更多额外的开支，开支的来源政府又要想办法解决。接下来我们来讨论政府开支的重要来源，也是另一个关乎卖者和买者的政策——税收。

3.4.2 税收

税收是国家(政府)公共财政最主要的收入形式和来源。税收的本质是国家为满足社会公共需要，凭借公共权力，按照法律所规定的标准和程序，参与国民收入分配，强制取得财政收入所形成的一种特殊分配关系。它体现了一定社会制度下国家与纳税人在征收、纳税的利益分配上的一种特定分配关系。可见，税收是一个有丰富内涵，有众多具体内容，有众多实现形式的，涉及政治、经济、社会等问题的重要概念。经济学家经常研究这个问题，本章我们仅从需求和供给层面来研究税收，看看作为国家非常重要的政治决策税收是如何影响市场上供给需求平衡的。

税收是一种非常重要的政策工具，也是公共经济学中核心的研究对象。征税首先涉及的问题是向谁征税，最终承担税收的是谁，征收多少，税收比例的依据是什么，等等。我们将借用上面所学的供求分析工具和分析思路来剖析税收对市场的影响，从而得出一些相关的结论。

我们仅从税收归宿来研究税收对买卖双方的影响。所谓税收归宿是指税收负担在市场参与者之间进行分配的方式。这个概念是研究税收政策对供求影响的关键，也就是研究税收最终由谁来承担：由卖者还是买者，抑或是由买卖双方共同承担以及双方所占比例。为了简化这个问题，我们使用之前日常用品A的例子。假设市场上只有这种商品，现在政府选择征收税收。由于向双方征税及其所占比例情况较为复杂，本节我们将征收对象简化为只向某一方收税(向卖方或买方征税)，按照分析均衡变动的步骤来进行深入研究。

1. 第一种情况——向卖者征税

(1)明确政策是对需求曲线还是供给曲线产生影响：向卖者征税，卖者成本增加，利润减少，同一价格水平下，愿意卖出及能够卖出的供给量小于原先的供给水平，供给曲线移动，而消费者的需求量没有变，整体的需求也没有变，需求曲线不动。

(2)明确曲线移动的方向:税收提高了生产和销售的成本,供给量减少,整体供给减少,供给曲线向左移动。

(3)新均衡与旧均衡对比:均衡价格上升,均衡数量减少。供给量和需求量都减少,尽管买家实际支付的价格是高于征税前的价格,但卖家并没有获得这部分收益,只不过是暂时替政府收取这部分收益而已,在缴纳企业所得税时将此部分收益会转交给政府。结果显而易见,整体的市场成交量减少,买家多付了钱,卖家的收入并没有增加,反而由于销售量下滑造成利润减少。虽然是向卖家征收税收,但卖家和买家却在共同承担税收的影响。

2. 第二种情况——向买者征税

(1)明确政策是对需求曲线还是供给曲线产生影响:向买者征税,买者在同一价格水平下,愿意买进和能够支付的需求量小于原先的需求水平,需求曲线移动,而卖家的供给量没有变,整体的供给也没有变,供给曲线不动,需求曲线移动。

(2)明确曲线移动的方向:税收使消费者单位物品上要支付的更多,需求量减少,整体需求减少,需求曲线向左移动。

(3)新均衡与旧均衡对比:均衡价格下降,均衡数量同样减少。供给量和需求量都减少,尽管均衡价格下降,买家还需要额外缴税,实际支付高于均衡价格。而卖家同样没有得到任何收益。结果也显而易见,整体的市场成交量减少,买家多付了钱,但卖家并没有获得这部分销售收入。虽然是向买家征收税收,但卖家和买家却还是共同承担税收的影响。

结论:无论向消费者还是向生产者征税,税收都缩小了市场规模,即市场供给量和需求量都减少了,卖者和买者共同分摊了税收负担。从社会福利来看,征税相当于政府把本来属于生产者或者消费者的福利给拿走了。无论向买方征税还是向卖方征税,尽管两种情况的出发点不同,但实际最终结果都是一样的,甚至让你觉得这样做都有些重复,因为无论是向谁征税,结果都是买家支付费用增加,卖家并没有获得任何额外收益,反而是两者共同分摊了税收的负担(市场规模变小)。

唯一的不同点在于给人们的心理感受是不一样的。作为消费者,若政府对消费者征税,我们会有更加直观的感受,因为我们为了获得商品所花的钱比没有征税时更多了。很多国家都采用消费税(对消费者直接收税),比如我们去美国购物时,你会发现你的购物小票中会单独列出消费税的情况,尽管你很心疼支出增加,但你并不会埋怨商家,因为你知道卖方实际上并没有获得任何额外利益,你所支付的消费税被当地政府拿走了,你的消费行为无非就是为当地财政收入做贡献而已。另一方面,如果政府对生产者征税,消费者在购买商品时虽然并没有感受到交税的过程,实际支付的价格当中却涵盖了税收。尽管买方多花了钱,但是卖方并没有获得任何额外收益,它只不过是代替政府将税收先收集起来而已,随后根据相关税费规定定期交给政府。

税收问题非常复杂,而且税收种类繁多,涉及经济政治方方面面的问题,经济学家也对税收的作用褒贬不一。政府在制定税收政策时,会按照相关法律的规定,以满足社会共同需要为宗旨,是国家公共财政的最主要收入形式和来源,我们这里仅仅是从理论上考虑税收对需求和供给的影响。

KEY CONCEPTS 回顾

(1) Demand: is an economic principle referring to a consumer's desire and willingness to pay a price for a specific good or service. Holding all other factors constant, an increase in the price of a good or service will decrease demand, and vice versa. Think of demand as your willingness to go out and buy a certain product.

(2) Demand curve: a graph of the relationship between the price of a good and the quantity demanded.

(3) Demand schedule: a table that shows the relationship between the price of a good and the quantity demanded.

(4) Equilibrium: a situation in which the price has reached the level where quantity supplied equals quantity demanded. Economic equilibrium is a state where economic forces such as supply and demand are balanced and in the absence of external influences the values of economic variables will not change.

(5) Equilibrium price: the price that balances quantity supplied and quantity demanded.

(6) Equilibrium quantity: the quantity supplied and the quantity demanded at the equilibrium price.

(7) Inferior good: a good for which, other things equal, an increase in income leads to a decrease in demand.

(8) Normal good: a good for which, other things equal, an increase in income leads to an increase in demand.

(9) Giffen good: a good for which an increase in the price raises the quantity demanded.

(10) Law of demand: the claim that, other things equal, the quantity demanded a good falls when the price of the good rises. In other words, the law of demand describes an inverse relationship between price and quantity demanded of a good. Suppose other things being constant, quantity demanded of a commodity is inversely related to the price of the commodity.

(11) Supply: in economics, supply is the amount of something that firms, producers, labors, providers of financial assets, or other economic agents are willing provide to the market. Supply is often showed graphically with the quantity provided plotted horizontally and the price plotted vertically.

(12) Price ceiling: a legal maximum on the price at which a good can be sold.

(13) Price floor: a legal minimum on the price at which a good can be sold.

(14) Supply curve: a graph of the relationship between the price of a good and the quantity supplied.

(15) Supply schedule: a table that shows the relationship between the price of a good and the quantity supplied.

(16) Law of supply: the claim that, other things equal, the quantity supplied a good rises when the price of the good rises. There is a direct relationship between price and quantity: quantities respond in the same direction as price changes. This means that producers are willing to offer more products for sale on the market at higher prices by increasing production as a way of increasing profits.

(17) Law of supply and demand: it is a critical law in microeconomics. The claim that the price of any good adjusts to bring the quantity supplied and the quantity demanded for that good into balance. It indicates that, holding all else equal, the unit price for a particular product or other traded item will vary until it settles at

a point where the quantity demanded (at the current price) will equal the quantity supplied (at the current price), resulting in an economic equilibrium for price and quantity transacted.

(18) Perfect complements: two goods with right-angle indifference curves.

(19) Perfect substitutes: two goods with straight-line indifference curves.

(20) Quantity demanded: the amount of a good that buyers are willing and able to purchase.

(21) Quantity supplied: the amount of a good that sellers are willing and able to sell.

(22) Surplus: a situation in which quantity supplied is greater than quantity demanded.

(23) Shortage: a situation in which quantity demanded is greater than quantity supplied.

(24) Substitutes: two goods for which an increase in the price of one leads to an increase in the demand for the other.

(25) Complement: two good for which an increase in the price of one leads to an decrease in the demand for the other.

(26) Substitution effect: the change in consumption that results when a price change moves the consumer along a given indifference curve to a point with a new marginal rate of substitution.

习题及答案

1. Raclette is a popular wintertime dish in Switzerland. It is essentially melted Raclette cheese over boiled new potatoes. If the price of this cheese decreased, we would expect: (　　).

(A) an increase in demand for the cheese

(B) an increase in demand for new potatoes

(C) there to be no effect on the demand for either the cheese or the new potatoes

(D) an increase in demand both for the cheese and for the new potatoes

答案:B

2. If Michael's average yearly income increases, and it is observed that his demand for steak has increased, then steak must be considered (　　).

(A) an inferior good

(B) a normal good

(C) a determinant of demand

(D) a determinant of supply

答案:B

3. If Peter's average yearly income increases, and it is observed that his demand for thrift-store-bought shoes decreases, then thrift-store-bought shoes must be considered (　　).

(A) a normal good

(B) a shortage good

(C) a necessity

(D) an inferior good

答案:D

4. Suppose it is necessary for tin to be used in the production of guitar strings. If the price of tin decreases and all other variables are constant, what will most likely result?

(A) The quantity demanded for guitars will decrease

(B) The demand for guitars will increase

(C) The supply of guitars will decrease

(D) The supply of guitar strings will increase

答案:D

5. According to the law of demand, (　　).

(A) as the price of a good or service increases, the demand will shift to the right

(B) as the price of a good or service increases, the demand will shift to the left

(C) there is an inverse relationship between quantity demanded and the price of that good or service

(D) as prices for a good or service increase, consumers will begin to use substitute goods

答案:C

6. According to the law of supply, (   ).

(A) as the price of a good or service decrease, the supply will decrease

(B) as the price of a good or service increases, the quantity supplied will increase

(C) as the price of a good or service increases, the quantity demanded will increase

(D) as the price of a good or service increases, the quantity demanded will decrease

答案:B

7. Within the market system, prices are determined by (   ).

(A) supply and demand

(B) the determinants of supply and demand

(C) opportunity cost

(D) total market demand

答案:A

8. A hurricane destroys a significant supply of bananas in 2011. As a result, the price of bananas increases. What prediction may be made regarding the supply of apples, a substitute good, when its market is in equilibrium?

(A) The price rises, and the supply will increase

(B) The quantity supplied will increase

(C) The price falls, and the supply will decrease

(D) The price falls, and the quantity supplied will decrease

答案:B

9. If one product is an inferior good, which of the following must be true?

(A) The demand curve is vertical

(B) The demand cure is horizontal

(C) An increase in consumer income will increase the demand of the product

(D) An increase in consumer income will decrease the demand of the product

答案:D

10. If the demand for tennis rackets increases, what prediction can be made regarding tennis balls?

(A) The demand for tennis balls will fall

(B) The supply for tennis balls will remain the same

(C) The price of tennis balls will remain the same

(D) The price and the quantity supply of tennis balls will increase

答案:D

11. Which of the following situations will cause the demand curve for chicken, a normal good, to shift to the left?

(A) Consumer incomes decrease

(B) Consumer incomes increase

(C) The price of steak decreases

(D) There is a decrease in the cost of raising chickens on a farm

答案:A

12. The equilibrium price is established (　　).

(A) at the next price above where the demand and supply curves intersect

(B) when the quantity supplied equals the quantity demanded

(C) at the next price below where the demand and supply curves intersect

(D) when you take the difference between the two lowest points plotted on the demand and supply curves

答案:B

13. A price ceiling is usually set (　　).

(A) above the equilibrium price and quantity

(B) at the intersection of the supply and demand curves

(C) by subtracting the highest price for supply and the lowest point for demand on their respective curves

(D) below the equilibrium price

答案:D

14. All of the following would influence the position of the demand curve for golf clubs EXCEPT (　　).

(A) the price of golf clubs

(B) the price of golf balls

(C) the price of golf shoes

(D) the size of the population

答案:C

15. If the supply curve remains constant, an increase in demand will cause (　　).

(A) an increase in prices and a larger quantity sold

(B) an increase in prices and a smaller quantity sold

(C) a decrease in prices and a larger quantity sold

(D) a decrease in prices and a smaller quantity sold

答案:A

16. A price increase in Product X resulted in an increase in demand for Product Z. Product Z is most likely a(n) (　　).

(A) inferior good

(B) complementary good

(C) substitute good

(D) normal good

答案:C

17. A limit on interest rates charged by a credit card company is an example of a (　　).

(A) price floor

(B) price support

(C) price ceiling

(D) consequence of minimum wage law

答案:C

18. When quantity demanded is greater than quantity supplied, there is a(n) (　　).

(A) negative externality

(B) shortage in the market

(C) surplus in the market

(D) increase in government regulation

答案:B

19. If the price of a good increases, the most likely result would be for the ( ).

(A) quantity supplied to increase

(B) quantity supplied to decrease

(C) demand to increase

(D) supply to decrease

答案:A

20. Price, technology, taxes, and the number of producers in an industry are known as ( ).

(A) factors of production

(B) producer expectations

(C) determinants of demand

(D) determinants of supply

答案:D

21. Another name for excess supply is ( ).

(A) disequilibrium

(B) equilibrium point

(C) shortage

(D) surplus

答案:D

22. If the government establishes a price less than the market equilibrium price, then it is a ( ).

(A) price floor

(B) price ceiling

(C) barrier to entry

(D) barrier to exit

答案:B

23. Competition in a market system best helps a society because ( ).

(A) supply and demand establish the best price for a good or service

(B) all opportunity costs are heavily analyzed

(C) the total welfare is increased

(D) aggregate supply and aggregate demand are balanced

答案:C

24. The number of substitutes for a good and time are known as ( ).

(A) determinants of supply

(B) determinants of demand

(C) determinants of elasticity

(D) factors of production

答案:C

25. Suppose the demand for a product is inelastic. If a producer wishes to increase total revenue, he or she should ( ).

(A) decrease prices

(B) decrease the quantity supplied

(C) increase the quantity supplied

(D) raise prices

答案:D

26. Suppose the market is in equilibrium for razor blades where the marginal benefit equals the marginal cost. If the government imposes a tax on razor blades and the marginal cost is greater than the marginal benefit, what may result?

(A) Dead weight loss

(B) An increase in demand

(C) An increase in supply

(D) A price ceiling

答案:A

27. If you calculate the elasticity of a good to be less than 0, you are correct to

assume ( ).

(A) it is a normal good

(B) it is a luxury good

(C) the good has few complements

(D) the good has few substitutes

答案:A

28. If the price of cigarettes is in equilibrium, what is needed to increase the price?

(A) Consumer income to decrease

(B) Consumer expectations to remain the same

(C) The price of tobacco to increase

(D) The government to decrease the regulations

答案:A

29. Mr. Harrington produces hot dog buns. He is most likely to sell his hot dog buns at a higher price if ( ).

(A) the price of hot dogs decreases

(B) there is an increase in consumer income

(C) the price of hot dogs increases

(D) a new technology is developed enabling an increase in hot dog production

答案:C

30. Doherty Industries is a leading producer of an energy drink. Which of the following will cause Doherty Industries to offer more of the product at all possible sale prices? ( )

(A) A competitor lowers the price of the product

(B) The price of a key ingredient increases

(C) The demand for the energy drink decreases

(D) The price of a key ingredient decreases

答案:B

第 4 章　弹性及应用

在第 3 章的学习中,我们认识到了某些事件的发生或某些因素的出现会使市场在供求法则的作用下发生变化(供给或/和需求发生改变)。为了简化分析过程,我们对经济情况进行了各种假设并模拟了一些现有数据,目的是为了让大家更加形象直观地看到需求和供给的变动情况——是增加、还是减少抑或是维持不变,相对应地是均衡价格和均衡数量的改变,但是我们并没有讨论需求和供给增加或减少的具体程度,也没有研究变化量有大有小的具体原因。也就是说,第 3 章节只是帮助我们分析问题(定性分析),本章节我们要在明确供给和需求改变方向的基础上,进一步具体讨论供给量和需求量的具体变化程度(定量分析)及其原因。比如,我们知道生产者降价的目的是为了提升销量,那么价格应该下降到何种程度才能引起预期消费者需求量的增加呢?而且我们知道利润等于价格与销量的乘积,那么价格下降到何种程度才不会影响到利润呢?就像前一章节提到的例子:一个面包 5 元钱时,它的销量是 100 个。假定现在面包的售价改为 4.99 元,按照供求定理理论,面包的销量会增加,但实际情况会是如何呢?如果销量的确有增加,那么会具体增加多少呢?销量是立刻增加还是过了很长一段时间才增加的呢?经济学家们会用弹性来解答这些问题。

弹性(elasticity)由英国经济学家阿尔弗雷德·马歇尔①提出,是指一个变量相对于另一个变量发生的一定比例的改变。经济学家用弹性来衡量买方与卖方对市场条件变化的反应程度。

我们先用皮筋和毛线来直观感受一下弹性。分别将皮筋和毛线的两端固定住,然后用同样的力度分别拉动皮筋和毛线,你会发现皮筋因为有弹性所以可以被拉得很远,而毛线因为缺乏弹性所以拉动的距离很短。我们用这个形象

---

① 阿尔弗雷德·马歇尔(Alfred Marshall),近代英国最著名的经济学家,是新古典学派的创始人。

的概念来研究当某事件或政策(外力作用下)对市场产生影响时,除了使用像第3章提到的研究方法去剖析变化方向或趋势以外,经济学家还会深入分析实际影响的程度,否则经济学的实际操作指导意义就会减弱。此外,各类不同商品所形成的市场差别会比较大(如皮筋与毛线的特质不同一样),所以每种商品都会有各自不同的弹性,需要具体问题具体分析。从定性到定量的分析过程,对每一类市场做出初步判断,便于我们对市场有一个理性的认识。

由于弹性是一种衡量需求量或供给量面对某种决定因素时的反应程度的指标,所以,我们既要从需求角度去分析弹性,也要从供给角度去分析弹性,在下面的小节中我们也会按照这样的逻辑顺序逐一进行阐述。

4.1　需求弹性

4.1.1　基本概念

需求弹性(demand elasticity),通常也被称为需求价格弹性,是衡量一种物品需求量对其价格变动反应程度的指标,通过用需求量变动百分比除以价格变动百分比来计算。需求弹性进一步解释了当价格发生变化时,需求量的变化程度。需求量变化幅度大,我们就说该物品所形成的需求市场弹性大或称为富有弹性;需求量变化幅度小,我们则称该物品所形成的需求市场弹性小或称为缺乏弹性。

需求价格弹性既涉及对商品需求市场本身的判断,又涉及由此所引起的人们行为的预测,我们必须将两者结合起来。比如说,我们通过一些历史数据判断出某物品的需求价格弹性,由此,可以预测在调整商品价格水平时,预期的需求量增加或减少的幅度。如果我们采取降价,那么对于需求弹性大的商品则需求量增加幅度大,对于需求弹性小的商品则需求量增加幅度小。同理,如果我们采取涨价,那么对于需求弹性大的商品则需求量减少幅度大,对于需求弹性小的商品则需求量减少幅度小。这就是经济学家们了解需求价格弹性的真正目的。在没有进行具体计算之前,市场已用很多经验总结告诉我们各类商品的需求价格弹性,经济学家从下列几个方面来判断需求价格弹性的情况。

1. 物品的可替代程度

物品的可替代程度是从消费者对某种物品的需求能否被其他某种或几种

物品所替代来判断该物品的需求价格弹性水平。具体表现是容易被替代的物品,需求价格弹性大;不容易被替代的物品,需求价格弹性小。打个比方说,假如某天你心情不好,你可能会取消了原先的旅游计划,但是一般情况下,你并不会因为心情原因而不去上班。这样的类比只是为了让大家体会到旅游的需求可以有其他的替代品,但工作的替代品却相对较少。我们不去旅游,还可以做其他的事情来实现放松的目的,比如听音乐会或者去逛博物馆等,这些都能实现我们身心放松的需求。但是,如果我们不去上班,就没有收入,通过其他方式获取收入的可能性相对较小,最简单的理解就是除了上班以外,我们还有别的方式获得收入吗?的确有,如收房租、投资收益等,不过这些选择并不多,而且并不是每个人都能轻易得到这种选择。由此可见,旅游是一个弹性较大的事情,而工作是一个弹性较小的事情。

我们再从消费品的角度来理解可替代性对需求价格弹性的影响。例如,日常生活中必不可少的牙膏。假如某种牙膏(牙膏 A)突然涨价,牙膏属于普通产品,符合需求定理,所以该牙膏的需求量会下降。由于同类的牙膏种类繁多,而且效用也类似,也就是说,牙膏的替代品较多。当牙膏 A 价格上涨时,理性消费者自然转而购买其他牙膏,所以牙膏 A 的需求量会下降得特别多(程度较大)。总而言之,物品的可替代程度越高,其需求弹性就越大;物品的可替代程度越低,其需求弹性就越小。

2. 物品的必要程度

物品的必要程度即某种物品对于消费者而言的必要程度。必要程度越大,需求价格弹性越小;必要程度越小,需求价格弹性越大。也就是说,某物品对于某人来说是不是特别需要。特别需要的话,必要程度就大;不怎么需要的话,必要程度就小。当然,必要程度是一个相对范畴,对于不同人来说,不同物品的必要程度是不一样的。必要程度与物品本身的固有性质无关,而是与人们的喜好(偏好)程度有关。比方说,很多年轻妈妈钟情于进口奶粉,就算不远千里也要千方百计购买进口奶粉,所以于她们而言,进口奶粉的必要程度很大,需求弹性较小,而国产奶粉的必要程度很小,需求弹性较大。

经济学家按照需求弹性的不同将商品分为必需品(necessity)和奢侈品(luxury)。必需品的需求往往缺乏弹性,如食物、衣服和公共事业等;奢侈品又被称为非生活必需品,一般被定义为一种超出人们生产与发展需要范围的具有独特、稀缺和珍贵等特点的物品,能够显示消费者的富有程度、社会地位、价值观念和生活方式,奢侈品的需求往往富有弹性。

我们通过一些例子来感受一下两者的区别:生活当中的日常消费品,比如肥皂、毛巾、洗衣粉等,如果卖家选择降低价格的话,那么降价会在一定程度上提升商品需求量,但是需求量的增加量是不会太大的,因为购买这些物品只是为了家庭的日常使用,而一个家庭对使用这些物品的需求量毕竟是有限的而且变化不大,就算多买了也用不了,当然有人说可以把物品囤积起来,但囤积货物会存在着无法保证商品质量的可能性,这已经远远超出了经济学所研究的范畴,为了简化问题,我们总结出:必需品本身缺乏弹性,价格的变化并不会让消费者的行为表现出太大的变化。

奢侈品则是另外一种情形。我们对奢侈品并不陌生,生活中也有很多价格极其昂贵的商品,很多名牌包都属于奢侈品的范畴,价格动辄几万到几十万不等。为什么经济学家认为奢侈品具有较高的需求弹性呢?假设某品牌的女士水桶包平常售价在2万人民币,在店庆活动期间,该品牌的女士水桶包降价促销,价格仅为1万元,结果销售店面几乎快被疯狂的消费者给挤塌了。奢侈品价格的调整对需求量的变化程度影响很大,哪怕是细微的价格调整也会对需求量产生较大的冲击。

我们再来看一个例子。在人们收入水平比较低的时候,黄金就是一种奢侈品,只有少数人才能买得起,其价格的变化会对需求量产生很大的影响。黄金价格上涨时,能买得起黄金的人就更少了,所以,总需求量更少;黄金价格下降时,需求量会大幅度增加。所以我们会常常看见很多人在黄金降价时大量抢购,因为黄金是保值的,人们可以等到黄金反弹到高价时再进行出售。可见,黄金是富有弹性的,需求价格弹性极高。然而,随着生产力水平和社会收入的提高,黄金除了原有的金融功能以外,它的装饰功能也在不断被强化,久而久之,它作为奢侈品的显著特征慢慢变得不是那么明显了,对于很多人来说它已不再是奢侈品,甚至可能已变成了必需品。这时,黄金的需求价格弹性就变小了。从黄金的例子我们可以看出尽管必需品和奢侈品有所不同,但是它们的区分并不是一成不变的,会受到个人喜好或个体差异而变化。

3. 市场范围

市场范围是指市场上所涵盖的产品范围大小。范围越大,其需求价格弹性越小,范围越小,其需求价格弹性越大。对于一个健康自然人而言,进食是一日身体所需。食物是一个很宽泛的、范围很大的概念,所以,需求价格弹性较小,很难找到替代食物满足人们一日身体所需的其他物品。但是,我们把食物具体化,如面包,就是一个包含范围较小的物品,其需求价格弹性就比较大,因为不购买面包,我们还可以有其他很多选择,如购买馒头、包子、面条、米饭等,同样都能让我们填饱肚子。我们再进一步缩小范围,比如我们把面包分为牛角面包、肉松面包、抹茶面包等,那么,无论是何种类型的面包,它的需求价格弹性都会更大,因为你可以在面包店里购买到很多其他类型的面包。

4. 价格敏感程度与时间性

大量调查显示,人们对价格的敏感程度和时间有着十分密切的关系。在短时间内,价格敏感程度不高,需求价格弹性不大;在长时间内,价格敏感程度较高,需求价格弹性较大。比如调查研究表明汽油价格上升10%,会使汽油消费量在1年后减少约2.5%,而在5年后减少约6%。汽油需求量在长期中的减少量大,需求价格弹性大,在短期内的减少量小,需求价格弹性小。因为在长期,人们会慢慢感受到价格变化所带来的影响并有合理的时间进行相应的调整。在短期,刚开始汽油涨价时,理性人不会立刻减少对汽油的需求,因为就算汽油涨价,一时间也找不到别的解决办法。可是时间久了,人们慢慢发现购买汽油将是一笔不小的额外开支,就会开始减少汽油的使用或努力寻找替代品。

4.1.2 需求弹性的计算

建立在对需求价格弹性的解释基础之上,我们来看看它的具体数学计算方法。需求价格弹性通常用 E_Q 来表示,指物品价格 P 一定幅度的变动所引起需求量 Q 变动的比率,即

需求价格弹性 = 需求量变动百分比/价格变动百分比

数学表达式:$E_Q = -(\Delta Q/Q)/(\Delta P/P)$

由于一种物品的需求量与其价格成反比例关系,价格上涨,需求量就下降;价格下跌,需求量就增加。你会发现这个公式特别奇怪,怎么还有负号呢?经济学家为了表示需求和价格之间的负相关关系,所以用负数符号来表示。弹性的实际大小还是取绝对值。大家可以根据实际情况多做相关练习。作为经济学的基础书籍,我们不会涉及太多的计算公式,所以我们在计算弹性时选用中

点法①来计算。

假设某商品的价格由 5 元变成 10 元,而需求量由 20 减少到 10。请根据公式计算出需求弹性:首先需要计算出需求变化量(10)和价格变化量(5);其次,用变化量除以对应的需求和价格;最后,需要将计算出来的结果与 0,1 和∞ 进行比较即可判断该商品的弹性。

4.1.3　需求价格弹性的类型

1. 完全无弹性——$E_Q = 0$

无论价格如何变化,需求量都是不变的,固定在某一具体的数值上。

2. 缺乏弹性——$E_Q < 1$

需求变动量比例小于价格变动量比例。

3. 单位弹性——$E_Q = 1$

需求变动量比例等于价格变动量比例。

4. 富有弹性——$E_Q > 1$

需求变动量比例大于价格变动量比例。

5. 完全有弹性——$E_Q \approx \infty$

价格的微小变化,都会引起需求量很大的变化。

现在,请根据这些描述将这几种类型的需求弹性绘制在需求图表上(横轴上需求量,纵轴是价格)。你会发现两个极端例子(完全无弹性和完全有弹性)。

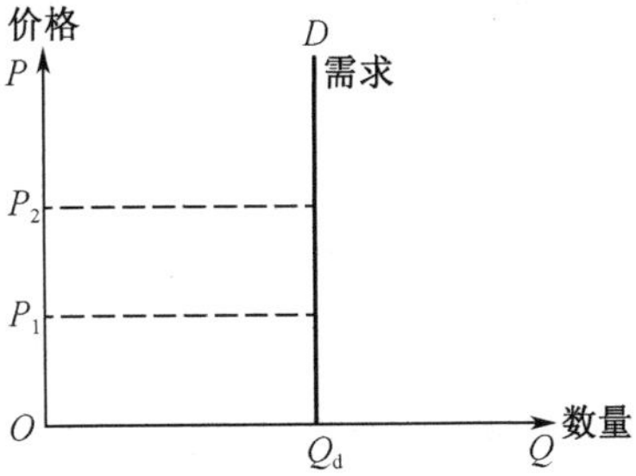

图 4－1　完全无弹性

完全无弹性(图 4－1)是一条与需求量垂直的直线,也就是说无论价格升高还是降低,需求量都是不变的。

完全有弹性(图 4－2)是一条与需求量平行的直线,价格的任何变化都能引起需求量的巨大变动。

① 中点法计算出来的是弧弹性。因为在同一条需求曲线上,涨价和降价产生的弹性系数值并不相等。如果我们只需要表示需求曲线上某一段的需求价格弹性的话,那么我们就可以用中点法来计算以避免不同的计算结果。

我们将需求价格弹性与1进行对比，得到了缺乏弹性、单位弹性和富有弹性（三种常见的情况）。假设价格变化量为50%，那么缺乏弹性意味着需求变化量一定小于50%；单位弹性意味着需求变化量等于50%；富有弹性意味着需求变化量一定大于50%。反映在图形上则是需求曲线是陡峭还是平坦。需求价格弹性越大（$E_Q>1$）（即富有弹性）需求曲线越平坦，需求价格弹性越小（$E_Q<1$）（即缺乏弹性）需求曲线越陡峭。单位弹性是一条坡度适中的曲线。

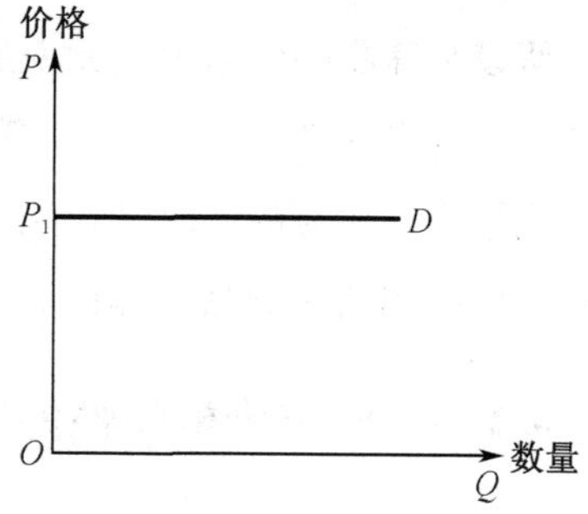

图4-2 完全有弹性

4.1.4 总收益与需求价格弹性

我们将直接引入一个新的研究变量——总收益。什么是总收益？它和我们这里研究的需求价格弹性有什么关系呢？

1. 总收益

总收益是指消费者在支付某种商品后生产者所获得的收益，具体则用该物品的单位价格乘以需求量来计算。

$$总收益=单位价格\times产品数量$$

总收益在需求曲线的图形上，表现为由价格对应的纵轴和需求量对应的横轴组成，即某一价格水平下的需求曲线下面的方框面积。这个方框的面积是会不断变化的，因为不同价格对应不同的需求量。

2. 总收益与需求价格弹性

总收益既然是不断变化的，那么，具体是什么因素决定了它的变化情况呢？总收益是如何沿着需求曲线变动的呢？经过论证，价格变动对总收益的影响取决于需求价格弹性。也就是说，通过计算需求价格弹性可以让我们认识总收益的变化情况，这就是我们为什么要把这两者联系起来的原因。为了让大家更形象地理解两者的关系，我们将分以下三种情况对总收益进行分析。

- 第一种情况：需求缺乏弹性，即$E_Q<1$。也就是说，价格上升引起的需求量减少的比例很小，以更高价格出售中得到的额外收益大于由出售的数量减少

而失去的收益，总收益是增加的。我们还是用上面的例子，假如价格上浮 50%，需求缺乏弹性意味着需求量下降一定小于 50%（如 40%），那么就算不进行具体计算我们也能推断出：价格上涨引起的收益增加量大于需求量下降引起的收益减少量。所以，总收益是增加的。

● 第二种情况：需求富有弹性，即 $E_Q>1$。也就是说，价格上升引起的需求量减少的比例很大，以更高价格出售中得到的额外收益小于由出售的数量减少而失去的收益，总收益是减少的。这与第一种截然相反，假如价格上浮 50%，需求富有弹性意味着需求量下降一定大于 50%（如 60%），同样，就算不进行具体计算也能推断出：价格上涨引起的收益增加量小于需求量下降引起的收益减少量。所以，总收益是减少的。

● 第三种情况：单位弹性，即 $E_Q=1$。假如价格上浮 50%，需求单位弹性意味着需求量下降正好也是 50%，同样，就算不进行具体计算也能推断出：价格上涨引起的收益增加量 = 需求量下降引起的收益减少量。所以，总收益是不变的。

从这个论证中，我们得到了一些关于总收益和需求价格弹性的结论：

（1）需求价格弹性小时，价格上涨，总收益增加，呈正相关；

（2）需求价格弹性大时，价格上涨，总收益下降，呈负相关；

（3）需求价格弹性是单位弹性时，价格变动时，总收益不变。

通过这个结论，我们得到什么启示呢？如果厂商要出售的物品是消费者必需的、可替代性也不强的物品，那厂商提高商品价格则可以获利更多的。比如说我们去登山时，爬到山顶又渴又饿，但是在山顶上商店数量有限，商品的价格都比平常在超市要高很多，有的甚至翻了好几番。因为这时水和食品对于登山者而言是必需的，很难找到替代品，可以说需求缺乏弹性，所以尽管商品要价很高，消费者并不会因为商品价格而大量减少需求，此时卖方就比不涨价时获利更多。只要卖家要价不要太离谱，消费者还是会选择购买商品的，所以卖方能赚取更多的利润，但若价格高得离谱很有可能导致需求量减少的比例变得很大。这个逻辑也非常容易理解，说明卖方的高价格还未超出消费者心理预期，说通俗点，尽管价格较高，不过还属于可接受范围，消费者饥饿难耐别无选择，所以需求量变化程度并不是很大。我们再来看一个身边的例子，学校的食堂在没有其他竞争对手出现时，是一个缺乏弹性的市场。饭菜价格相对昂贵或是同等价格水平下质量水平不高的。随着市场上其他餐饮卖者的出现,从一个缺乏弹性逐渐变为一个富有弹性的市场。如果食堂价格上涨,会带来需求量的大幅度变化,同学们可以选择其他替代品,卖方的总收益比不涨价时还要少,所以我们现在可以感觉到总体而言各学校食堂的价格还是比较实惠的,价格比校外的餐厅要便宜得多,早期价高质差的情况也在不断改善。当然这个局面不仅仅是从市场的角度,还是由国家教育福利等方面共同形成的,这些问题已超出了我们经济学基础的研究范围,我们只是从需求价格弹性这个比较客观的变量来进行分析。这里所涉及的市场结构及其相关特征我们将在后续章节中详细阐述。

4.1.5 其他需求弹性

前面讨论的是价格变化引起需求量的变化程度,故称为需求价格弹性。其实,其他因素也会影响需求量的变化,比如收入或其他相关物品的价格等,这些因素拓展了需求弹性的研究范围,进一步帮助经济学家对市场进行全面的剖析。

1. 收入影响需求弹性

需求收入弹性是衡量一种物品需求量对消费者收入变动反应程度的指标,即

需求收入弹性 = 需求量变动百分比/收入变动百分比

若需求量变动大于收入量变动,需求收入弹性大,因收入变化所引起的需求量变化大;需求量变动小于收入量变动的,需求收入弹性小,因收入变化所引起的需求量变化小。

下面用生活中的例子来解释这个指标的实际用途。收入提高时,对某些物品的需求量增加,这类物品属于正常物品,收入量与需求量呈正比例关系,符号为正;收入提高时,对某些物品的需求量减少,这类物品属于低档物品,收入量与需求量呈反比例关系,符号为负。例如,对于爱打扮的女孩子来说,在刚工作收入不高时,可能选择二线甚至三线品牌的服装。随着收入增加,她们对高端服装的需求量逐渐增加,相反她们原来的低档服装的需求量确实是减少了。日常生活中也非常容易找到这样的例子,随着收入的增加,电子产品越用越高级,越买越贵。

正常物品中也有必需品和奢侈品之分。正常物品中的必需品,需求收入弹性小,收入高低,引起的需求量变化不大;正常物品中的奢侈品,需求收入弹性

大，收入高低，引起的需求量变化大。比如，食物就是正常物品中的必需品，不管收入高还是低，一个健康自然人对食物的日常需求量变化受收入的影响并不大；钻石就是正常物品中的奢侈品，人们因收入的影响对钻石的需求量变化是极大的。

2. 其他物品的价格影响需求弹性

需求的交叉价格弹性是衡量一种物品需求量对另外一种物品价格变动反应程度的指标。即

需求的交叉价格弹性 = 物品 1 的需求量变动百分比/物品 2 的价格变动百分比

物品 1 的需求量变动百分比大于物品 2 的价格变动百分比时，物品 1 就是物品 2 的替代品，随着物品 2 价格的上涨，消费者增加了对物品 1 的消费量，需求的交叉价格弹性为正数；物品 1 的需求量变动百分比小于物品 2 的价格变动百分比时，物品 1 就是物品 2 的互补品，随着物品 2 价格的上涨，消费者对物品 1 的消费量也减少，需求的交叉价格弹性为负数。如食物中的替代品比较多，一种物品价格变化了，可以选择其他的物品来替代，从而影响到选择替代物品的需求量。互补品的例子如球拍与球、电脑与软件、牙膏与牙刷，一种物品的价格变化了，对另一种物品的需求量变化呈负相关变化，即物品 A 的价格上涨，物品 B 的需求量减少，物品 A 的价格下降，物品 B 的需求量增加。

4.2　供给弹性

在供求定理里面，价格除了影响需求，也会影响供给。前面我们讨论了价格引起的需求量变化程度，下面我们将按照同样的方式来讨论价格对供给量变化影响的程度。

4.2.1　基本概念

供给价格弹性是衡量一种物品供给量对其价格变动反应程度的指标，用供给量变动百分比除以价格变动百分比来计算。供给价格弹性进一步解释了当价格发生变化时，供给量的变化大小水平。供给量变化大，说明该物品所形成的供给市场弹性大或富有弹性；供给量变化小，说明该物品所形成的供给市场弹性小或缺乏弹性。

供给价格弹性往往取决于卖者是否容易转为生产该物品的可能性。比如：不需要太多技术投入的服务业，由于人们对舒适生活要求的提高，服务业的价格水平不断攀升，让很多投资人涌入服务业中，供给量就增加了，特别是旅游、定制服务领域，供给量的变化是很大的，很多不是该领域的也可以选择加入供给市场当中。所以，供给弹性较大。原因很简单，因为投资者转入该领域的难度不大，可能性比较高。相反，高新技术领域，价格水平也在不断攀升，但其供给量增加却不大，因为新的供给者想要加入这个领域难度较大，该领域专业技术较强，可能性比较低，供给量增加就有限了。

除此以外，时间也是影响供给价格弹性的因素之一。短时间内，供给价格弹性小，长时间内，供给价格弹性大。供给在长时间中的弹性通常是大于短时间中的弹性。例如，某个企业生产的物品 A，最近物品 A 的价格变化了，企业跟随价格变化形成的供给量变化百分比不会太大。短期内，企业可能会适当增加供给或减少供给，但大规模的供给量变化在短期内是不会出现的，所以供给对物品 A 的价格敏感程度不高；然而，如果时间久了，企业就会考虑大规模增加供给量或是减少供给量甚至退出市场，对物品 A 的价格敏感程度就提高了。

4.2.2 供给价格弹性的计算

我们来看看供给价格弹性的具体数学计算。

供给价格弹性，通常用 E_S 来表示，指商品价格 P 的变动所引起供给量 S 变动的比率。即

供给价格弹性 = 供给量变动百分比/价格变动百分比

数学表达式：$E_S = (\Delta S/S)/(\Delta P/P)$

依据供给定理，随着价格变化，供给量是呈正比例关系的。价格上涨，供给量就上涨；价格下跌，供给量就减少，变化是同向的，符号为正数。供给价格弹性与需求价格弹性在计算上存在相同的问题，也是用中点法来算供给价格弹性的，方法相同，大家可以自己去计算一下，这里就不重复解释了。

4.2.3 供给价格弹性的类型

1. 完全无弹性——$E_S = 0$

无论价格如何变化，供给量不变的，固定在某一具体的数值上。

2. 缺乏弹性——$E_S < 1$

供给变动量比例小于价格变动量比例。

3. 单位弹性——$E_S = 1$

供给变动量与价格变动量同比例变化。

4. 富有弹性——$E_S > 1$

供给变动量比例大于价格变动量比例。

5. 完全有弹性——$E_S \approx \infty$

价格的微小变化，都会引起供给量很大的变化。

请根据这些描述将这几种类型的供给弹性绘制在供给图表上（横轴上供给量，纵轴是价格），会发现两个极端例子（完全无弹性和完全有弹性）。

完全无弹性（图4－3）是一条与供给量垂直的直线，也就是说无论价格升高还是降低，供给量都是不变的。

完全有弹性（图4－4）是一条与供给量平行的直线，价格的任何变化都能引起供给量的巨大变动。

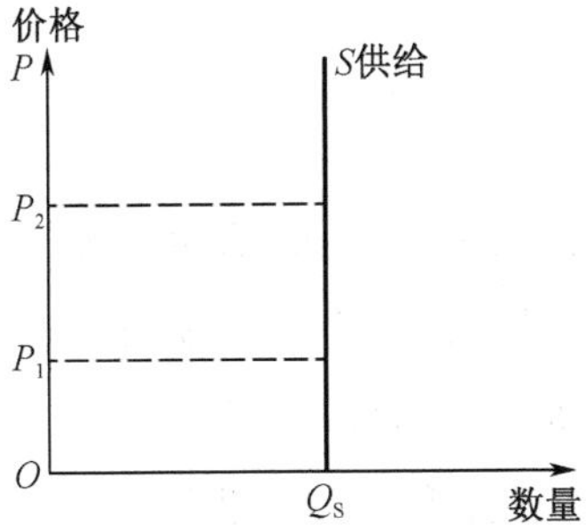

图4－3　完全无弹性

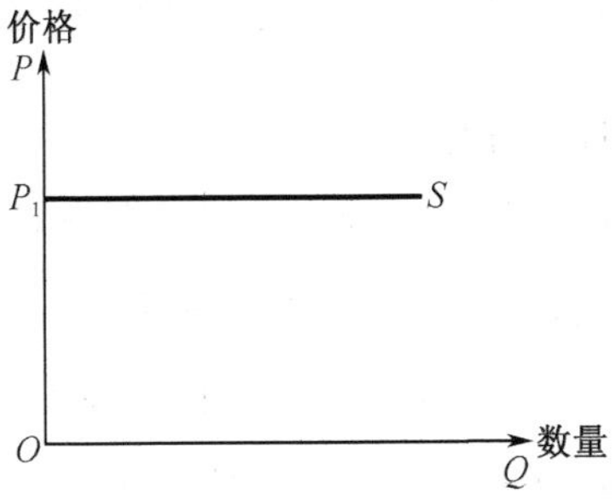

图4－4　完全有弹性

供给价格弹性与1进行对比，得到中间的三种比较常见的情况（缺乏弹性、单位弹性和富有弹性）。这与我们分析需求价格弹性时是类似的，其对比结果决定了供给曲线是陡峭还是平坦。供给价格弹性越大（$E_S > 1$）供给曲线越平坦，供给价格弹性越小（$E_S < 1$），供给曲线越陡峭，单位弹性（$E_S = 1$）是一条坡度适中的曲线，此处所有的变动百分比同样都是以中点法来计算的。

供给价格弹性并不是不变的，而是沿着供给曲线变动。这个供给曲线在价格水平较低时是比较平坦的，价格水平较高时就比较陡峭。如何解释这种现象的存在呢？某物品在一个低价的水平时，企业的生产力是有富余的，物品价格上涨，曲线平缓，供给价格弹性大，企业可以很快提升供给量；价格不断上升，供给量也在上升，慢慢接近企业生产力的上限时，曲线陡峭，供给价格弹性小，要有大幅度的供给量提升就困难得多，除非高价格能带来足够收益，能激励企业扩大规模，提高生产力。由于企业的生产能力通常有一个最大值，所有供给量低时，供给价格弹性会非常高；供给量高时，供给价格弹性又会非常低。

4.3 弹性的应用

本节我们将前面所学的供给、需求、弹性知识融会贯通并以具体领域的实际案例为切入点，将理论与实践较好地联系起来，从经济学家的视角，用经济学家的思考方式来详细地分析社会事件背后的相关经济学原理。通过这种方法的训练可以帮助我们更好地解释一些社会现象，了解一些政策制定的原因及结果，更好地指导我们理解和认识现实世界。

4.3.1 农业生产中的弹性应用

1. 事件缘起

以水稻种植为例。假设由于某项农业新技术的引进，大大缩短了水稻的生产时间，从而提升了生产效率，使得水稻产量迅速提升。其他农民看到这样的激励，也纷纷效仿引进这种新技术。随着新技术的普及，越来越多的农民将这种新技术运用到实际生产当中，结果是市场上水稻产量(即供给量)大幅上升，本来大家希望通过改进技术增加产量赚取利润，可是结局却是由于供给量的增加导致整体农民的收益减少。对所有人而言，实际状况反而变糟了，比没有技术引入之前还差。本来技术进步是件好事，但结果却是让农民损益了。

2. 经济学解释

农业技术进步，供给量在同等价格水平时增加，供给曲线向右边移动；而需求量却没有变化，需求曲线不变；由增加的供给和原来的需求形成了新的均衡，即在一个比原先较低的价格实现了均衡。也就是说，新技术的引进使得同一价格水平的供给量增加，市场在自身的供求影响下形成新的平衡，供给增加了但需求却没变，所以，价格只能是下降了，这对消费者而言肯定是获益的，消费者剩余增加，是获意的。

那么，生产者（农民）的收益是怎么减小的呢？通过前面的学习，我们知道总收益等于价格乘以供给量。农民收益的变化来自供给曲线变化后新的均衡价格和供给量的乘积与原先没有技术引入时的均衡价格和供给量的乘积进行对比。新旧均衡价格上的供给量等于需求量。我们可以看出价格变动对总收益的影响取决于需求价格弹性。在缺乏需求价格弹性的情况下，卖方在高价格时所获得的收益是大于在低价位时所获得的收益。

在富有需求价格弹性的情况下，卖方在高价格时获得收益是小于在低价位时获得的收益。由于农产品属于缺乏需求价格弹性的产品，换句话说，随着价格的变化，消费者对产品的需求量变化并不大，并不会产生大幅度增长。由此可见，原先均衡价格下的收益大于现在新均衡价格下的收益，是可以有合理解释的。单个农民站在自己的角度，觉得自己可以多生产，多卖出，多收益，但是他没有想到如果大家都有可能会这样做，从而导致均衡价格下降，整体利益反而都受损了。

3. 结论及运用

技术进步对社会是有利的。但是在农产品市场上，由于农产品缺乏需求价格弹性，所以新技术的引入会使消费者获利，但生产者受损。因为一切提升农业发展水平的因素都会增加供给，由此引起价格下降，形成新的均衡。由于总收益水平下降，所以对农民是损益的；相反，降低农产品供给的政策，可以提升价格，增加农民收入，而消费者却要付出高昂的价格购买这些必需品。这些政策看似矛盾，在没有学习过经济学知识之前，我们可能甚至会觉得这些政策很奇怪。但是政府为了弥补市场经济调节失败的情况，常常需要通过法律或政策手段来调控市场经济。任何一项经济政策都有其背后的经济学影响。就像这个农产品的例子一样，假如农民们为了多挣钱不惜减少生产，或者不愿引进新技术以控制产量。如果大家都这么做，可能会造成粮食短缺。对于一个人口众多的国家而言，这将是一个多么可怕的局面。所以，政府会出台很多优惠政策，如农产品补助等，鼓励农业生产，在既不伤害生产者和消费者的同时，增加农产品产量从而造福整个社会。

4.3.2 石油生产中的弹性应用

1. 事件缘起

从20世纪70年代起,石油输出国组织(OPEC)就通过提高石油价格来增加收入。这些国家联合起来共同减少石油市场的供给(后续章节中我们会对他们这种联合行为进行深入分析),在短期内取得了比较好的预期,可时间久了,也催生了新的系列问题。单从供给需求角度来分析,在石油供给市场方面,高价格吸引了其他新的供给者(非石油输出国组织的其他国家)不断增产,最终导致总供给量上升,抑制了高价格的垄断;在石油需求市场方面,在高价格影响下,人们会理性看待石油的使用,想方设法地减少使用量,比如寻找其他替代品或是直接节省石油的使用。所以,到了20世纪80年代,世界石油市场出现大幅度的价格下降,到20世纪90年代才恢复比较稳定的状态。

2. 经济学解释

由于市场上占主要力量的供给者的价格变化使该产品的供求市场也产生了变化,只是供给和需求在短期内和长期内的情况不一样而已。

短期内,供给和需求都是缺乏弹性的。供给缺乏弹性是因为已知的石油储存量和石油开采能力不可能在短期内迅速提升,也就是来不及扩大生产规模,所以供给量变动不大;需求缺乏弹性是因为石油在很多领域是必需品,难以替代,需求不会因为价格变动而产生太大的变化。根据需求价格弹性对缺乏弹性物品的判断,高价格时的收益大于低价格时的收益,所以石油输出国组织作为市场上主要力量是会大大获利的,这与他们的预期判断是一样的。

长期内,供给和需求都变得富有弹性了。供给富有弹性是因为在高价格的吸引下,其他新的石油供给者会选择进入该市场。此外,为了增大收益,石油供给者会不断提升石油开采能力,从而造成石油的供给量大幅度提升;需求富有弹性是因为石油的高价格,逼迫消费者不得不节约使用(减少购买)或是寻找其他替代品,所以需求量大幅度减少。这种结果下,价格的变化幅度是很小的,由此能带来的收益也是有限的。当供给量大量增加,其他的供给者不断涌入,占主要市场供给力量的生产者将地位不保。而且在不断涌现其他替代品,以及消费者节俭环保意识的提倡等综合因素影响下,需求量不断减少,从而导致整体油价的大幅度下降,直至达到新的均衡状态为止。事实证明,我们的分析与实际情况是完全相符的。

3. 结论及运用

当石油供给减少时,市场的反应取决于时间长短。在短期内,供给和需求缺乏弹性,价格上涨幅度大,收益增加;在长期内,供给和需求富有弹性,价格上涨幅度不大,收益也不明显,甚至还有损失。对于石油输出国组织而言,通过提高价格来获得更多收益只是短期有效,长期内效果并不明显。鉴于这些经验和经济学的解释,我们就不难明白当下的石油价格为什么会维持在一个比较稳定的水平上,因为市场的客观规律无形的手会实现市场的自我调节,所以很难出现以往这种石油价格大幅上涨或大幅下降的情况。

4.3.3 毒品的弹性解释

毒品的危害不容置疑,这里不进行过多的阐述,我们只是研究那些关于禁毒的政策有没有起到预期的效果。例如,政府增加缉毒人数以加大打击力度的行动能不能起到预期效果?

借用经济学来解释分析,加大禁毒的投入,从理论上来说,会缩减毒品的供应量,同一价格水平下的供给量减少,这里我们有一个前提假设:加大禁毒工作力度只对供给产生影响,对需求是没有影响的。根据供求定理,我们可以推断出毒品的均衡价格将上涨,均衡数量会减少。理性人自然会减少需求。然而,吸毒者绝非理性人,而且毒品是一个缺乏弹性的物品,即便价格上升对需求影响也不大,但由价格和需求量构成的总支出就会比价格没有上涨时高很多,所以卖者的总收益会增加。由于均衡价格上涨,吸毒者要花比原先多很多的费用去购买原有数量的毒品,一个可怕的结果就是吸毒者可能会因为没钱买毒品,所以去偷、去抢甚至不惜犯下更加严重的罪行,从而造成犯罪率不断攀升。我们可能会觉得非常匪夷所思,明明花大力气去禁毒,可结果怎么却催生了较高的犯罪率呢?为什么会出现这种事与愿违的结果呢?因为我们这里有一个重要前提假设:禁毒只影响供给,不影响需求。也就是说,从供给需求角度来看,只有供给发生了变化,而需求是不变的。道理与河水决堤是一样的。为了防止河水泛滥成灾,如果只是不停地修高河堤,并不采取疏通截流,不从源头上进行治理,那么决堤所造成的危害会更大。

单从控制供给是解决不了问题的。有句广告词你可能并不陌生“没有买卖就没有杀害”，如果没有市场需求就不会有那么多丧心病狂的卖家，野生动物也不会无情地被杀戮被贩卖。这与禁毒的原理是一样的，我们还要从需求的角度来解决毒品问题。通过大量禁毒的宣传和教育工作，将禁毒的工作重心放在减少人们对毒品的需求上来。需求量减少，即使供给不变，均衡价格也会下降，均衡数量也会减少。吸毒需求量减少了，冒风险犯罪的概率就降低了。整体吸毒量得以抑制，与吸毒相关的犯罪率也随之下降。当然也有另一种说法，因为需求价格弹性受时间影响，也许单纯针对禁毒的供给短期内有副作用，但在长期是有效的。从长期来看，需求价格弹性会增大，供给量还是会增大，相对于供给量的增加，原有的需求量也会发生变化。在犯罪分子的教唆、引诱下，有些人有意无意踏上这条不归路。所以，禁毒宣传教育工作起到了至关重要的作用。长时间内，禁毒便富有需求价格弹性，长期打压供给，价格稍微变动，需求量是大幅减少的，高价格水平下的总支出小于价格没有变动时的总支出，犯罪率降低。当然，毒品是一个社会问题，仅凭经济学的分析是远远不够的，而且我们的结论也不够全面，毕竟在我们的分析中有很多假定，还有很多没有考虑周全的地方，但是从简单的分析中，我们可以得出一个基本结论：禁毒工作必须从供给和需求两方面着手，将掐断源头（供给）和禁毒宣传工作（需求）结合起来，加大打击力度与长期宣传教育相结合必然会使禁毒工作产生实质性进展。

KEY CONCEPTS 回顾

（1）Elasticity：a measure of the responsiveness of quantity demanded or quantity supplied to one of its determinants.

（2）Income elasticity of demand：a measure of how much the quantity demanded of a good responds to a change in consumers' income, computed as the percentage change in quantity demanded divided by the percentage change in income.

（3）Price elasticity of demand：a measure of how much the quantity demanded of a good responds to a change in the price of that good, computed as the percentage change in quantity demanded divided by the percentage change in price.

（4）Price elasticity of supply：a measure of how much the quantity supplied of a good responds to a change in the price of that good, computed as the percentage change in quantity supplied divided by the percentage change in price.

习题及答案

1. Which factor contributes to price elasticity of supply (　　).

(A) Time

(B) Inflexibility of sellers

(C) Consumer expectations regarding future prices

(D) Producer tastes and preferences

答案:A

2. Which of the following must be true if the revenues of computer producers increase when the price of computer increases?

(A) the supply of computer is price elastic

(B) the supply of computer is income elastic

(C) the demand for computer is price elastic

(D) the demand for computer is price inelastic

答案:A

3. Which is an important factor to make the demand for a good inelastic?

(A) It is a necessity

(B) There are many substitutes

(C) It is a luxury item

(D) There are many cross-price substitutes

答案:A

4. A factor of production will NOT earn economic profit when its supply is (　　).

(A) perfectly inelastic

(B) perfectly elastic

(C) elastic

(D) inelastic

答案:B

5. There is a 10% rise in the price of bottled water. This creates a 40% change in the quantity demanded. The demand for bottled water is considered to be ( ).

(A) perfectly inelastic

(B) elastic

(C) inelastic

(D) perfectly elastic

答案:B

6. If a 30% rise in gas prices creates a 0% decrease in the quantity demanded, the demand is said to be ( ).

(A) inelastic

(B) perfectly elastic

(C) elastic

(D) perfectly inelastic

答案:D

7. Which of the following is true in the elastic range of a firm's demand curve?

(A) The firm will expand output in increase economic profits

(B) The firm is maximizing total revenue

(C) A decline in price will lead to an increase in total revenue

(D) An increase in price will lead to an increase in total costs

答案:C

8. All of the following are factors affecting the elasticity of demand EXCEPT ( ).

(A) availability of substitute goods

(B) necessity versus luxury goods

(C) how much of a consumer's budget goes to the good

(D) the percentage change in the quantity demanded

答案:D

9. If the price of cigarettes increases, we would expect ( ).

(A) demand to be inelastic

(B) demand to be elastic

(C) government regulation of the industry to decrease

(D) government regulation of the industry to increase

答案:A

10. Suppose the price of iPhones increases 2% and the quantity demanded for iPhones decreases by 4%, then (　　).

(A) elasticity is 2 and demand is price elastic

(B) elasticity is 0.5 and demand is price inelastic

(C) elasticity is 8 and demand is price elastic

(D) elasticity is 1 and demand is price inelastic

答案:A

第 5 章　福利经济学

福利经济学[①](welfare economics)由英国经济学家霍布斯和庇古于 20 世纪 20 年代创立,是主要研究社会经济福利的一种经济学理论体系,系统分析了资源配置如何影响经济状况。我们知道市场主体是买方、卖方和政府,为了便于分析理解,依照由简入繁的顺序,我们假设这时的市场主体只有买方和卖方,暂时将政府去除掉。将从买者和卖者的角度来分析他们各自分别从市场中所获得的利益,并研究社会如何才能实现买卖双方的总利益最大化,随后我们再分析整体经济的福利情况。

5.1　消费者剩余

经济学家用消费者剩余来分析买家的收益,所谓消费者剩余(consumer surplus)是指一种物品的总效用与其总市场价值之间的差额,这也是对市场结果的合意性的评价。简单地说,消费者剩余是指买者对某商品意愿支付的钱数减去他实际支付的钱数。为什么会产生剩余呢? 那是因为我们所得到的大于我们所支出的,这种额外的好处根源于边际效用。

我们通过一个生活中的例子来理解消费者剩余。在英国某拍卖行,一把从泰坦尼克号沉船上打捞上来了音乐师的小提琴,最终它以 90 万英镑被拍卖。现在,假设有四个人都想拥有这把小提琴,我们用这条新闻来分析一下消费者剩余。因为每个人愿意支付的钱数不同,分别有各自的上限,我们用支付意愿(willingness to buy)表明每个潜在的买者愿意支付的最高价格,也就是说支付意

---

① 福利经济学的主要内容是"分配越均等,社会福利就越大",主张收入均等化。国家在国民收入调节过程中作用的加强,出现了使国民收入呈现均等化趋势。福利经济学研究的主要内容:社会经济运行的目标,或称检验社会经济行为好坏的标准;实现社会经济运行目标所需的生产、交换、分配的一般最适度的条件及其政策建议等。

愿衡量的是买者对商品的评价，即他认为商品值多少钱（如表 5－1）。要计算消费者剩余非常简单，只需要套用下面这个公式即可：

消费者剩余（CS）＝支付意愿（willingness to buy）－ 实际价格（price）

表 5－1　买方的支付意愿

买方	支付意愿（£）
Ben	80, 000
Jack	85, 000
Kate	90, 000
Will	100, 000

拍卖[①]都是从一个较低的价格开始报价，我们用价格、买方和需求数量列出一个表格。很明显，每个买者都想以低于自己支付意愿的价格买到这把小提琴，那么当竞价低于 80 万时，四个买家都愿意出价，都想将这把小提琴据为己有，因为这个价格远远低于他们的心理预期。随着价格的上升，逐渐会有买家退出竞价。因为如果价格高于支付意愿，人们会觉得这个商品不值得购买。

实际上，拍卖行最终以 90 万英镑成交，那么会有谁愿意去买这把小提琴呢？很明显 Ben 和 Jack 是不会购买的，这个价格远高于他们的支付意愿。那么 Kate 会不会购买这把小提琴呢？她的支付意愿也是 90 万英镑，此时的价格与她对小提琴的评价（value）是相同的，那么对于她而言，买与不买都无所谓，因为如果价格恰好等于她的支付意愿，对于买（有了小提琴）和不买（保留了钱）她都会感到同样满足。根据计算公式，她的消费者剩余为 0。但是，90 万英镑的价格对于 Will 来说就不一样了，他的支付意愿是 100 万英镑，小提琴的实际价格才 90 万英镑（低于他的支付意愿），他的消费者剩余是 10 万英镑，于他而言，这简直就是捡到宝了，他会非常乐意花掉 90 万英镑将这把珍贵的小提琴买回家（表 5－2）。

① 拍卖（auction）是专门从事拍卖业务的拍卖行接受货主的委托，在规定的时间与场所，按照一定的章程和规则，将要拍卖的货物向买主展示，公开叫价竞购，最后由拍卖人把货物卖给出价最高的买主的一种现货交易方式。

表 5－2 买方所能接受的商品价格和需求数量

价格(£)	买方	需求数量
低于 80,000	Ben,Jack,Kate,Will	4
80,000 至 85,000	Jack,Kate,Will	3
85,000 至 90,000	Kate,Will	2
90,000 至 100,000	Will	1
高于 100,000	无	0

现在,我们用图形(图 5－1)来分析消费者剩余。我们可以从上面这个数量与价格和边际效用之间的关系图来看消费者剩余。在任何一种数量时,需求曲线给出的价格表示边际买者的支付意愿。边际买者(marginal buyer)是指如果价格再提升一点就会首先选择离开市场的买者。

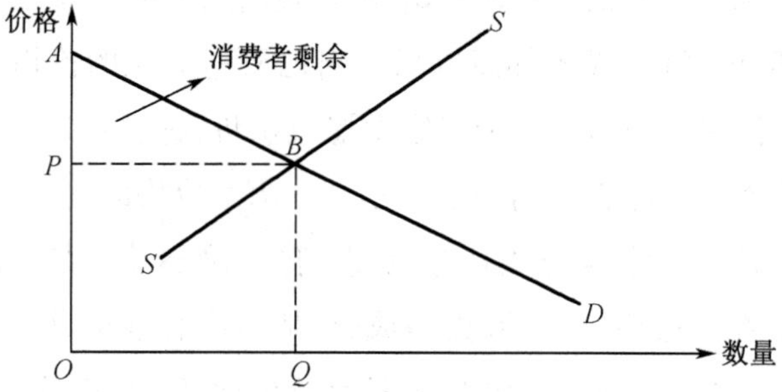

图 5－1 消费者剩余(CS)

由图形我们可以看出:消费者需求曲线以下、价格线以上的面积即是市场的消费者剩余,这适用于所有需求曲线。因为右下方倾斜需求曲线的高度衡量了买者们对商品的评价(即支付意愿),支付意愿和市场价格之差即是每个买者的消费者剩余。所以,需求曲线以下、价格线以上的部分是某商品市场中的所有买者的消费者剩余之和。

那么,价格是如何影响消费者剩余的呢？我们还是通过图形来直观感受一下消费者剩余的变化情况。

如图 5－2,价格处于相对较高的水平(P_1)时,市场上的消费者剩余即是 A 的面积;若价格下降到 P_2 时,那么消费者剩余即是 ABC 的面积,很明显消费者剩余是增加的。所增加的部分即揭示了消费者剩余增加的两个来源:(1)原有的消费者因商品价格下降而获得的额外利益;(2)新增加的消费群体所获得的消费者剩余。所以,我们可以得出结论:当商品价格下降时消费者剩余增加,当商品价格上升时消费者剩余减少。这个道理很好理解,作为消费者我们往往希望商品越便宜越好,这样我们就能花更少的钱买到我们心意的商品了。在大多数市场中,消费者剩余的确能反映消费者的经济福利。因为经济学家通常假设人们在决策时都是理性的,在机会既定的情形下,他们会尽力实现自己的目标。

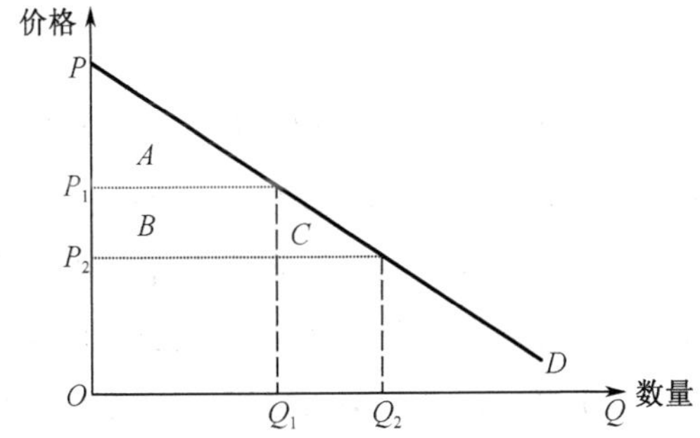

图 5-2 消费者剩余的变化情况

5.2 生产者剩余

对卖方的福利分析与对买方的福利分析方法非常相似,经济学家用另一概念(生产者剩余)来衡量卖家从参与市场中所得到的收益。生产者剩余(supplier surplus)是指由生产要素和产品的最低供给价格与当前市场价格之间的差异,给生产者所带来的额外收益也就是卖家在出售某种物品或者提供某种服务时所得到的价格与卖家最低能接受的价格之间的剩余。其计算公式如下:

生产者剩余(PS)=商品的实际价格(price)-生产该商品的成本(seller's cost)

我们通过一个简单的例子来分析生产者剩余。假设同一款餐桌由四个生产者进行制作,由于他们的生产条件和技术能力不同,导致他们的生产成本也不同(表 5-3)。

表 5-3 卖方的生产成本

卖方	成本 ($)
Nick	800
Dell	600
Joe	400
Tim	300

按照理性假设，只有当市场价格高于生产成本时生产者才会进行生产销售。我们将问题简化，暂时不考虑沉淀成本的问题。所谓沉淀成本是指以往发生的，但与当前决策无关的费用。此处只认为市场价格低于成本时，卖家是不会愿意卖出商品的。我们用商品价格、卖方和价格列出一个供给表(supply schedule)(表5-4)，采用与分析消费者剩余类似的方法来分析生产者剩余，并画出供给曲线。在任何一种数量时，供给曲线给出的价格表示边际卖者的成本。边际卖者(marginal seller)是指如果价格再降低就首先离开市场的卖者。

表5-4 卖方所能接受的商品价格和供给数量

价格($)	卖方	供给数量
高于800	Nick, Dell, Joe, Tim	4
600至800	Dell, Joe, Tim	3
400至600	Joe, Tim	2
300至400	Tim	1
低于300	无	0

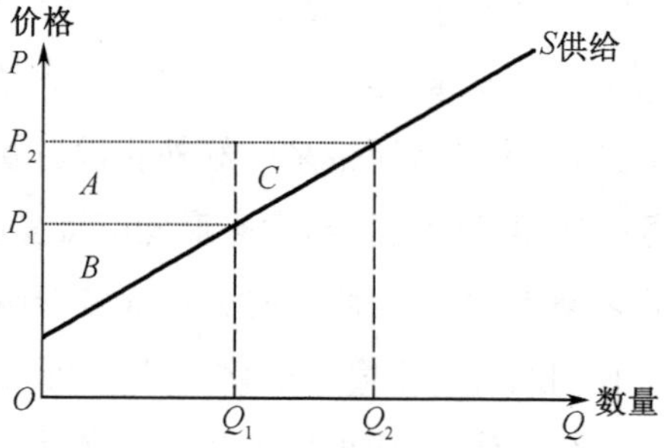

图5-3 生产者剩余变化情况

由图形(图5-3)我们可以看出：生产者的供给曲线(右上方倾斜)以上、价格线以下的面积即是市场的生产者剩余，这适用于所有供给曲线。供给曲线的高度衡量卖者的成本，所以价格和生产成本之间的差额即是每个生产者的生产者剩余。所以，如果市场价格处于较低水平(P_1)时，市场上的生产者剩余是B的面积，若价格增加到P_2时，生产者剩余变成了ABC的面积，即生产中剩余明显增加，所增加的部分即揭示了生产者剩余增加的两个来源：(1)原有的生产者因为商品价格上升而获得的额外利益；(2)新增加的生产者所获得的生产者剩余。所以，商品价格上升时生产者剩余增加，商品价格下降时生产者剩余减少。这个道理也同样非常容易理解，市场价格与商品成本之间的差额越大，对于生产者而言，利润空间就越大，带给他的收益自然就越多，反之亦然。

5.3　市场效率

消费者剩余和生产者剩余、是经济学家研究市场中买方和卖方福利的两个基本工具,两者之和被称为总剩余。经济学家用总剩余来分析整体经济的福利情况。所有基本公式总结如下:

- 消费者剩余 = 支付意愿 - 商品实际价格
- 生产者剩余 = 商品实际价格 - 生产成本
- 总剩余 = 消费者剩余 + 生产者剩余

　　= 支付意愿 - 商品实际价格 + 商品实际价格 - 生产成本

所以,

总剩余(total surplus) = 支付意愿(value to buyers) - 生产成本(cost to sellers)

我们知道价格上升时,消费者剩余下降,但生产者剩余上升;价格下降时,消费者剩余上升,但生产者剩余下降。说明消费者剩余与生产者剩余是反向变动的,即两者此消彼长。若想实现市场效率(market efficiency),即社会所有成员的总剩余最大化,我们就需要在消费者剩余与生产者剩余之间找到一个平衡点。那么,资源应该如何进行配置呢? 是让买卖双方自行达到市场均衡(无形的手)? 还是干预市场结果从而增加经济福利(有形的手)? 对于这些问题,我们通过市场均衡时的消费者剩余和生产者剩余来进行分析。

在需求与供给章节我们阐释过市场均衡是一种供求平衡的市场状态。在其他因素都给定不变的条件下,买卖双方都不愿意再改变市场的价格和买卖数量,在此时的价格(即均衡价格)水平上,消费者愿意购买的数量与生产者愿意供给的数量相等(即均衡数量)。

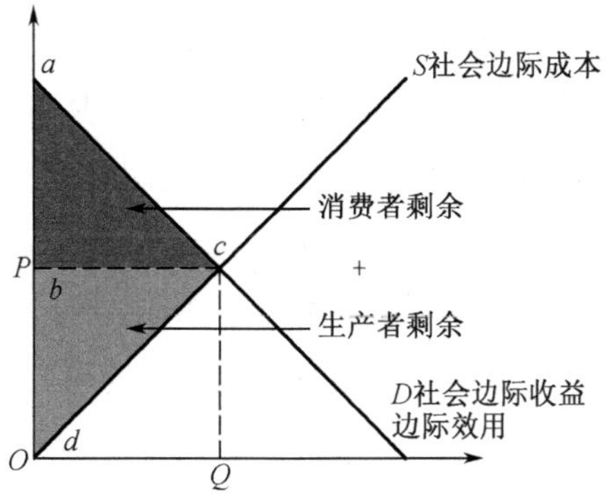

图 5 - 4　消费者剩余与生产者剩余

图 5 - 4 中我们画出了当市场达到均衡时的消费者剩余和生产者剩余。消费者剩余等于价格线以上

需求曲线以下区域的面积,而生产者剩余等于价格线以下供给曲线以上区域的面积。供给曲线和需求曲线之间直到均衡点的那部分区域即为市场的总剩余。

如果某个配置是缺乏效率的,那么买卖双方通过交易而得到的利益并未能全部实现。我们还是从买卖双方分别分析这个问题:从买方角度分析,出价最高的买者应该最先获得商品。若该商品不是由对它们评价最高的买者购得,那么资源配置就是缺乏效率的。在这种情形下,将商品从对商品评价较低的买者向对商品评价较高的买者进行转移,就能增加总剩余;从卖方角度分析,成本最低的卖家应该最先卖出商品。若商品不是由成本最低的卖者生产,那么资源配置就是缺乏效率的。同样的逻辑,如果将商品的生产任务由高成本的生产者转移给低成本的生产者,就能降低卖者们的总成本,从而增加总剩余。

当市场上商品数量少于均衡数量时,买者的支付意愿支出大于卖者的成本,由总剩余的公式可知,此时多卖出一单位商品,社会总剩余就会增加,所以市场上的商品数量会增加直至达到均衡数量为止。相反,当市场上商品数量多于均衡数量时,买者的支付意愿支出小于卖者的成本,此时多卖出一单位商品,社会总剩余就会减少。因此,为了使社会福利最大化,市场中的商品数量会减少直至达到均衡数量为止。所以,供求关系可以有效地配置资源,亚当·斯密所说的市场这只看不见的手能考虑到市场中每个买者和卖者的信息,虽然市场中的每个买者和卖者仅关心自己的福利,但是他们共同被一只看不见的手指引着向着最好的市场结果运动,自由市场上决定的均衡数量使得买卖双方的总利益最大,也即达到了社会福利的最大化水平。

然而,“市场均衡是有效率的”这个结论是否成立必须基于几个假设,倘若这些假设条件不成立时,这个结论也就可能不再成立了。

(1)假设一:市场是完全竞争的(我们将在完全竞争市场章节进行详细阐释)。若市场达不到完全竞争,即不是自由市场时,市场势力(market power)就会影响市场价格和交易数量,从而偏离了均衡价格和均衡数量。

(2)假设二:市场结果只与市场中的买方和卖方有关,不存在任何第三方对市场的影响。而现实生活中,由于外部性(externality)的存在(我们将在公共经济学章节进行详细阐释),使得市场福利除了取决于买者与卖者之外,还有第三方造成的成本。在衡量社会福利时,若不考虑外部性的作用,那么即使此时已达到了均衡,那也是失效的。

市场势力和外部性都是市场失灵(market failure)的典型例子,也就是说我们这里所得出的所有结论的前提都不存在市场失灵的情况。然而在现实生活中,市场失灵是一类很常见的现象,它是指某些市场即便是没有政府管制但也无法实现资源的有效配置。经济学家们认为导致市场失灵的原因除了市场势力和外部性这两个因素以外,公共品和不完全信息等因素也会造成市场失灵。在出现市场失灵时,我们常常需要政府进行干预,通过公共政策或法律法规来解决问题并增加经济福利,这属于宏观经济学重要的研究范围,本书并不会涉及太多内容。作为微观经济学基础教程,我们会重点学习微观经济学就市场失灵的原因以及如何最好地矫正市场失灵的相关理论和研究。尽管存在着市场失灵的可能性,但是我们必须学会福利经济学以及对市场效率的分析方法,这对全面掌握经济学分析逻辑和分析过程都非常重要,我们可以灵活应用市场效率的结论来研究很多经济问题,深入剖析各种政府政策对经济所产生的影响。

KEY CONCEPTS 回顾

(1) Welfare: government programs that supplement the incomes of the needy.

(2) Welfare economy: the study of how the allocation of resources affects economic well being.

(3) Willingness to pay: the maximum amount that a buyer will pay for a good.

(4) Consumer surplus: a buyer's willingness to pay minus the amount the buyer actually pays.

(5) Producer surplus: the amount received by buyers minus cost to sellers.

(6) Supply schedule: a table that shows the relationship between the price of a good and the quantity supplied.

(7) Market efficiency: the property of a resource allocation of maximizing the total surplus received by all members of society.

(8) Market power: a firm with market power has the ability to individually affect either the total quantity or the prevailing price in the market.

(9) Externality: is the cost or benefit that affects a party who did not choose to incur that cost or benefit. When there is no externality, the market efficiency is

achieved; however, this rarely happens in the real market.

习题及答案

1. Producer surplus is measured by ( ).

(A) the area to the right of the supply curve but below the price equilibrium

(B) the sum of buyer and seller surplus

(C) the area above the supply curve but below the price equilibrium

(D) the quotient of percentage change in quantity supplied and percentage change in price

答案:C

2. Consumer surplus is the ( ).

(A) difference between the price consumers would have been willing to pay and the price they actually did pay

(B) price consumers would have been willing to pay minus total variable costs

(C) price consumers would have been willing to pay in addition to total variable costs

(D) price consumers would have been willing to pay in addition to total fixed costs

答案:A

3. A surplus would be found ( ).

(A) below the equilibrium point

(B) above the equilibrium point

(C) in the top portion of the upward sloping supply curve

(D) in the bottom portion of the upward sloping supply curve

答案:B

4. Competition in a market system best helps a society because ( ).

(A) supply and demand establish the best price for a good or service

(B) all opportunity costs are heavily analyzed

(C) the total welfare is increased

(D) aggregate supply and aggregate demand are balanced

答案:C

5. Dead weight loss refers to (　　).

(A) the lost benefit to society caused by the movement away from the market equilibrium

(B) the gained benefit to suppliers caused by the increase in the market equilibrium

(C) the incremental benefit or loss when the consumer increases consumption by one additional unit

(D) the legal maximum price above which a product cannot be sold

答案:A

Application:

In summer, people like to buy cold drinks (such as orange juice). Suppose there are one customer (Anna) and one producer (Cozzy). The price of a bottle of orange juice is \$4. Now Anna is thirsty, here is the value Anna places on a bottle of orange juice and the cost Cozzy incurs to produce each bottle of orange juice.

Value of first bottle	\$8
Value of second bottle	\$6
Value of third bottle	\$4
Value of fourth bottle	\$2

Question 1: if the price is \$5, how much consumer surplus does Anna get from her purchases? If the price falls to \$3, how does Anna's consumer surplus change? Show Anna's consumer surplus and its change in the graph.

Cost of first bottle	\$2
Cost of second bottle	\$4
Cost of three bottle	\$6
Cost of fourth bottle	\$8

Question 2: if the price is \$5, how much producer surplus does Cozzy get from the sales? If the price raises to \$7, how does Cozzy's producer surplus change? Show Cozzy's producer surplus and its change in the graph.

Question 3: use Anna's demand schedule and Cozzy's supply schedule to find the equilibrium quantity and equilibrium price. What are consumer surplus, producer surplus and total surplus in this equilibrium.

第6章 生产成本

6.1 基本概念

组织理论(industrial organization)是经济学的一个分支,它研究的是商品价格和企业的产量决策如何依赖于它们面对的市场条件。例如,你居住的社区可能有几家烤肉店,但只有一家手机修理店。由于烤肉店数量较多,竞争较为激烈,所以可能这几家烤肉店的价格都不相上下。而唯一的那家手机修理店可能会要价很高,若时间紧迫你不得不尽快想办法把手机修好,那么就算知道自己被敲竹杠,你也只能硬着头皮在那修手机,因为你没办法货比三家,也不能挑选卖家。经济学中的产业组织理论就是专门研究市场中的企业数量是如何影响价格和市场效率的,本章节我们将站在生产者的角度来分析问题。

根据供给定律(law of supply),当一种商品的价格很高时,企业更倾向于生产和销售这种商品,这反映在供给曲线上即供给曲线是向右上倾斜的。对于企业而言,最终的经济目标就是企业利润最大化。那么我们研究企业如何实现利润最大化时,必须仔细考虑如何衡量它的总收入和总成本。

- 总收入(total revenue):企业销售一定数量的产品所获得的收入。
- 总成本(total cost):企业生产过程中的投入要素(劳动力、原材料等)所支出的市场价值(钱数)。
- 利润(profit):总收入减去总成本。

$$利润 = 总收入 - 总成本$$

利润的计算公式大家并不陌生,计算起来也不复杂。当总收入大于总成本时,利润为正数,企业是盈利的;当总收入小于总成本时,利润是负数,企业是亏损的;当总收入等于总成本时,利润为零,企业既不亏本也不盈利。

这是我们日常生活中计算利润的常用方法。然而,在经济学中,在计算成本时,我们不得不考虑到企业制造产品和服务过程中的所有机会成本

(opportunity costs)。企业的某些生产机会成本很明显,这些成本被称为显性成本(explicit costs),另外一些生产机会则不明显,这些成本被称为隐性成本(implicit costs)。显性成本是指企业投入生产的直接费用支出,相对地,隐性成本就是指那些不需要费用支出的成本。

显性成本和隐性成本的区别,也同时说明了经济学家和会计人员在分析经营活动上的重要区别。经济学家关注的是企业如何做出生产数量和定价的决策。由于这些决策的依据来源于对显性成本和隐性成本的分析,所以经济学家在衡量企业的成本时,会综合考虑这两类成本。相反,会计人员的职责是记录流入和流出企业的资金,他们通常只记录显性成本而忽略隐性成本。很显然,经济学中的总成本比会计学中的总成本要多(因为多考虑了隐形成本那部分),所以,经济利润通常来说会小于会计利润。

- 经济利润 = 企业总收益 - 全部机会成本(即显性成本 + 隐性成本)
- 会计利润 = 企业总收益 - 显性成本

在经济学中,为了理解企业的决策,我们只关注经济利润的重要性,它激励企业供给商品和服务。当经济利润为正数时,即企业总收入超出所有的机会成本之后,剩余部分归企业持有者所有,企业将会继续经营;当经济利润为负数时,企业的总收入不足以补偿所有的生产成本,企业处于亏本状态,除非情况有所改善,否则企业最终会破产倒闭。

6.2 生产函数

生产函数(production function)描述的是在一定生产技术条件下,生产某种商品的投入要素与商品产出数量之间的关系。生产函数(全称:柯布 - 道格拉斯生产函数)最初是由美国数学家柯布和经济学家保罗·道格拉斯共同探讨投入与产出的关系时所创造的,这个经济模型主要是用来分析企业生产以及发展生产的途径。

生产要素主要有土地资源、资本和劳动力。由于经济学假设理性人会考虑边际量,所以我们需要用边际概念来理解企业对于雇佣工人数量与商品产量的决策。生产过程中的任何一种投入要素的边际产量(marginal product)是指其他变量保持不变,每额外增加一单位某投入要素所引起的产量变化。在生产要素中，我们选择以劳动力来进行分析。若我们考虑劳动力投入情况与产量之间的关系，那么我们就会研究每新增加 1 名雇佣工人的数量所引起的商品产量的变化。

$$边际产量(\text{marginal product}) = \frac{额外增加的产出(\text{additional output})}{额外增加的投入(\text{additional input})}$$

边际产量就是生产函数的斜率。根据边际产量递减原则，边际产量会随着生产要素的投入而减少。也就是说，在其他条件不变的情况下，企业雇佣劳动力的数量不断增加，但是每个新增加的工人对生产的贡献会越来越少。随着边际产量的递减，生产函数曲线会越来越平缓。下面我们通过一个手工制作泰迪熊的例子（表 6 – 1）来画出生产函数和总成本曲线（total-cost curve）。

表 6 – 1　工人数量、商品产量与各类成本情况一览表

工人数量	产量	劳动力边际成本	工厂成本	工人成本	总成本
0	0	40	$30	$0	$30
1	40	30	$30	$10	$40
2	70	20	$30	$20	$50
3	90	10	$30	$30	$60
4	100		$30	$40	$70

产量：每小时所生产的泰迪熊的数量

总成本 = 工厂成本 + 工人成本

通过下面两曲线图，我们可以清楚地看出生产函数和总成本曲线之间的关系。

（1）图 6 – 1 中的生产函数表明了工人数量和泰迪熊产量之间的关系。在此图中，工人数量（横轴）来自表格第一列（number of workers），泰迪熊的产量（纵轴）来自表格第二列（output）。随着工人数量的增加，生产函数曲线变得越来越平坦，这表明边际产量递减。

（2）图 6 – 2 中的总成本曲线，表明了产量和总成本函数之间的关系。在此图中，产量（横轴）来自表格的第二列（output），总成本（纵轴）来自表格最后一列（total cost）。由于边际产量递减规律，总成本曲线会随着产量的增加而变得越来越陡峭。

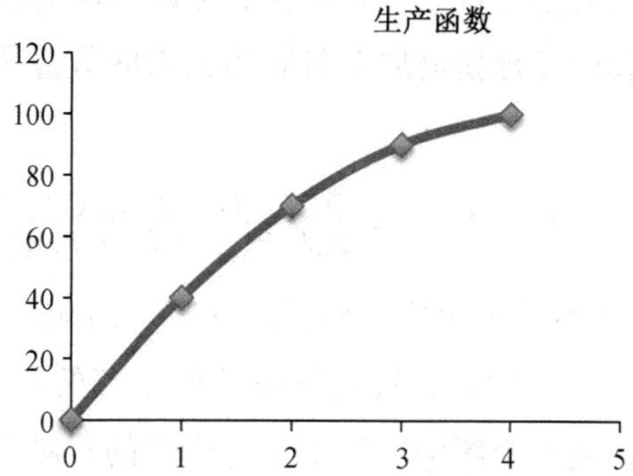

图 6－1　生产函数

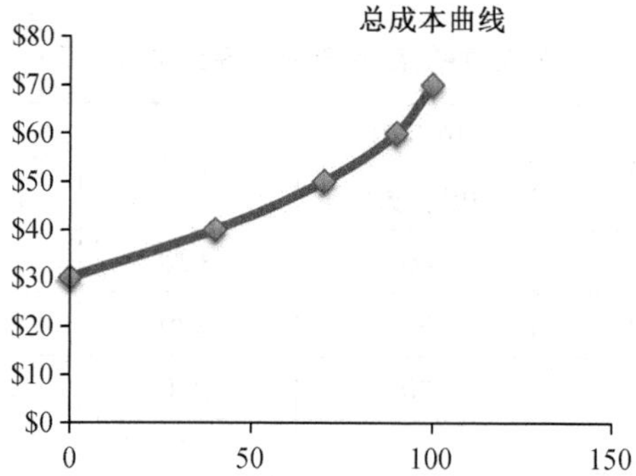

图 6－2　总成本曲线

这两条曲线斜率变化的原因是一样的。较高的产量意味着企业需要雇佣较多的工人，工人数量越多工厂会越来越拥挤，企业的总成本会越来越高。我们小时候都看过动画片《三个和尚》，随着和尚数量的增加，小小的寺庙变得越来越拥挤。同时，三个和尚相互推卸责任，都不愿意去挑水，最终三个和尚都没水喝。这里的逻辑道理是一样的，工人人数的增加并不意味着产量就会相对应地增加，相反，额外增加的每个工人所贡献的产量会越来越小，所以从图形中反映出来即是边际产量呈递减趋势，而总成本是递增的。所以，当产量较大时，生产函数比较平坦，总成本曲线比较陡峭。

6.3 成本的各种衡量指标

6.3.1 固定成本与可变成本

在第 1 小节,我们提到过成本可以分为显性成本和隐性成本,学过会计学的同学肯定知道成本的分类还有其他多种方式。从手工制作泰迪熊的表格中,我们可以看到 Cost of factory 和 Cost of worker 这两类成本的特点,Cost of factory 一直都是 \$30(固定不变),而 Cost of worker 从 \$0 增加到 \$40(不断变化)。这就是我们必须掌握的两个概念——固定成本和可变成本。

- 固定成本(fixed costs)是指那些不会因为产出数量变化而变动的成本。
- 可变成本(variable costs)是指那些当企业改变生产数量时会随之变动的成本。

由此,我们可以将总成本(total cost,TC)分为总固定成本(total fixed costs,TFC)和总可变成本(total variable costs,TVC)。

6.3.2 平均成本与边际成本

所谓平均即总量除以数量,所以平均成本(average cost,AC)等于总成本除以产量;平均固定成本(average fixed cost,AFC)等于总固定成本除以产量;平均可变成本(average variable cost,AVC)等于总可变成本除以产量。

因总成本即总固定成本与总可变成本之和,所以平均成本(AC)可以划分为平均固定成本(AFC)和平均可变成本(AVC)。

$$AC = TC/Q = AFC + AVC$$

$$AFC = TFC/Q$$

$$AVC = TVC/Q$$

(注:Q = Quantity)

边际成本(marginal cost,MC)即额外增加一单位产量所引起的总成本的增加量,这个概念表明每一单位的产品成本与总产量是有关联的。随着产量的增加,机会成本也可能会增加。根据边际产量递减原则,产量增加,边际成本会递增,因此边际成本线向上倾斜。我们可以用边际成本来判断增减产量在经济上是否划算。当实际产量未达到一定程度时,边际成本随着产量的扩大而递减;

当产量超过一定限度时,边际成本会随着产量的增加而递增。由此,我们可以看出影响边际成本的重要因素就是产量是否超过了一定限度。若产量已超出企业的生产能力之后仍在不断扩大,那么这将导致总固定成本的阶段性攀升。

$$MC = \text{change in total cost/change in quantity} = \Delta TC/\Delta Q$$

6.3.3 成本曲线

当产量很少时,可以理解为企业的设备还未得到充分有效地利用,每个产品分摊的固定成本很高,所以平均总成本高;随着产出增加,每个产品分摊的固定成本减少,平均可变成本不断增加,当平均可变成本的增加量超过平均固定成本的减少量时,平均总成本就会开始增大。因此,平均总成本线的形状是U形的。这个图形的最低点就是平均总成本低的时候,通常经济学家将这时的产出水平称为企业的有效规模(efficient scale)。

通过图形(图6-3),我们可以看出:当边际成本低于平均总成本时,平均总成本就会不断降低,这是因为新增加一个单位产量的成本会拉低原有的平均总成本水平;而反之,当边际成本高于平均总成本时,平均总成本会增加。平均总成本曲线最低点与边际成本曲线交汇处即为有效规模。

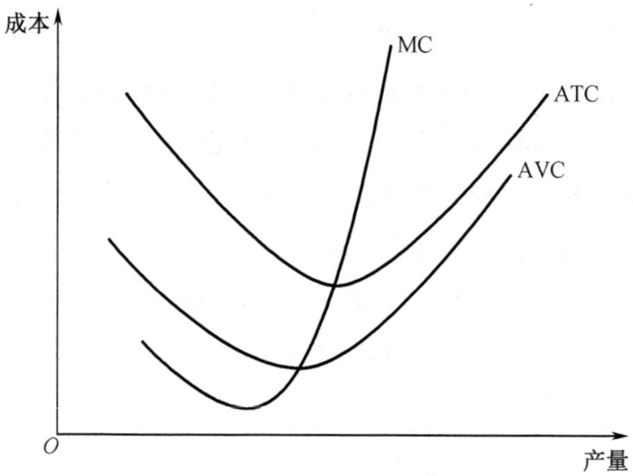

图6-3 边际成本曲线(MC)、平均总成本曲线(ATC)及平均可变成本曲线(AVC)

所以我们可以总结出各类成本曲线的规律:

(1)边际成本线向右上方倾斜,边际成本随着产量的增加而上升;

(2)平均总成本线呈U形；

(3)平均总成本线最低点处与边际成本线相交，达到企业的有效规模；

(4)总成本曲线始终随产出的增加而上升，但在达到有效规模之前，上升速度不断减小，而超过有效规模之后，上升速度开始不断增大。

6.3.4 短期成本与长期成本

最后，我们通过时间期限问题来研究成本。对许多企业来说，总成本在固定成本和可变成本之间的划分取决于时间框架。短期和长期在企业发展当中会出现不同的情况。具体来说，在短期，有许多成本属于企业的固定成本，不过到长期这些成本就变成了可变成本。例如上一小节我们分析过的手工制作泰迪熊的例子，在短短几个月期间，该公司无法调整工厂的数量或规模。在这种情形下，为了生产更多的泰迪熊，企业唯一的办法就是雇佣更多的工人，只有通过增加雇佣工人的数量才能想办法增加产量。因此，从短期来看，这些生产工厂就是固定成本。然而，如果我们把时间轴拉长，把时间维度由一两年改为几年，由短期视角变为长期视角，那么该公司就可以通过扩大企业的规模、建设新的工厂来增加商品的产量。所以，这些工厂本身的成本在长期并不是企业的固定成本，而转变成了企业的可变成本。也就是说，从长期来看，企业可以通过调整固定资本来达到所有短期情况下的最优点。

从图形(图6-4)上来看，长期平均总成本曲线传递了一个关于企业制造某种商品生产过程的重要信息，该曲线为我们揭示了企业成本如何随着工厂的规模的改变而变动。长期平均总成本曲线是短期平均总成本曲线的包线。

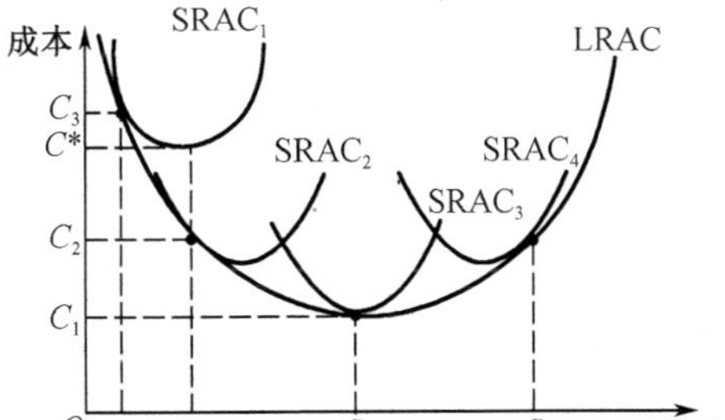

图6-4 短期平均成本曲线(SRAC)与长期平均成本曲线(LRAC)

长期平均总成本曲线与产出的关系可分为三类:

第一类为规模经济(economies of scale),即长期平均总成本随着产出的增加而减少;

第二类为规模不经济(diseconomies of scale),即长期平均总成本随着产出的增加而增加;

第三类为规模保持不变(constant returns to scale),即长期平均总成本不随产出的变化而变化。

规模经济是指通过扩大生产规模而引起经济效益增加的现象。随着产量的增加,企业的长期平均总成本下降,但这并不意味着企业的规模越大越好。因为一旦企业规模超过了一定限度,边际效益就会逐渐下滑,甚至变成负数,引起规模不经济的情况出现。规模经济产生的主要原因是当产量水平较高时,工人进行分工合作,实现专业化(详见第2章)。而专业化可以使工人从事他擅长的具体任务,更精通某一项工作任务从而提高工作效率、增加产量。

KEY CONCEPTS 回顾

(1) Industrial organization: is a field of economics dealing with the strategic behavior of firms, regulatory policy, antitrust policy and market competition. Industrial organization applies the economic theory of price to industries.

(2) Total revenue: the amount of a firm receives for the sale of its output.

(3) Total cost: the market value of the inputs a firm uses in a production.

(4) Profit: total revenue minus total cost.

(5) Explicit costs: input costs that require an outlay of money by the firm.

(6) Implicit costs: input costs that do not require an outlay of money by the firm.

(7) Production function: the relationship between quantity of inputs used to make a good and the quantity of output of that good.

(8) Marginal product: the increase in output that arises from an additional unit of input.

(9) Marginal cost: the increase in total cost that arises from an extra unit of

production.

(10) Marginal revenue: the change in total revenue from an additional unit sold.

(11) Total fixed costs: costs that do not vary with the quantity of output produced.

(12) Total variable costs: costs that vary with the quantity of output produced.

(13) Efficient scale: the quantity of output that minimizes average total cost.

(14) Economic profit: total revenue minus total cost, including both explicit and implicit costs.

(15) Accounting profit: total revenue minus total explicit cost.

(16) Average total cost: total costs divided by the quantity of output.

(17) Average fixed cost: fixed costs divided by the quantity of output.

(18) Average variable cost: variable costs divided by the quantity of output.

(19) Average revenue: total revenue divided by the quantity sold.

(20) Factors of production: the inputs used to produce goods and services.

习题及答案

1. Economists normally assume that the goal of a firm is to (　　).

①Sell as much of their products as possible.

②Set the price of the products as high as possible

③Maximize profits

(A) ① and ②

(B) ② and ③

(C) ①, ② and ③

(D) Only ③

答案:D

2. Analyzing the behavior of the firm enhances our understanding of (　　).

(A) whether resources are allocated fairly

(B) why market economy work efficiently

(C) what decisions lie behind the market supply curve

(D) how consumers allocate their income

答案:C

3. The amount of money that a firm receives from the sale of its output is called (　　).

(A) total revenue

(B) total gross profit

(C) total net profit

(D) net revenue

答案:A

4. A firm's opportunity costs of production are equal to its (　　).

(A) Explicit costs only

(B) Implicit costs only

(C) Explicit costs and implicit costs

(D) Production costs

答案:C

5. When considering profit, economists only think about its (　　).

(A) Explicit costs and implicit costs

(B) Explicit costs only

(C) Implicit costs only

(D) Production costs

答案:A

6. An example of an opportunity cost, also an implicit cost, is (　　).

(A) A lease payment

(B) The cost of raw materials

(C) The value of the business owner's time

(D) The house rent

答案:C

7. A production function is a relationship between inputs and (　　).

(A) revenue

(B) profit

(C) costs

(D) quantity of output

答案:D

8. If the total cost curve gets steeper as output increase, the firm is experiencing (   ).

(A) diseconomies of scale

(B) economies of scale

(C) diminishing marginal product

(D) constant returns of scale

答案:C

9. Which of the following is the best example of a variable cost?

(A) Annual property tax payments

(B) Annual insurance payment

(C) Costs of the factory

(D) Monthly wage for the hired labor

答案:D

10. Average total cost equal to

(A) Change in total cost divided by quantity produced

(B) Total cost divided by quantity produced

(C) Total cost divided by change in quantity produced

(D) Change in total cost divided by change in quantity produced

答案:B

第7章　市场结构与市场类型

经济活动离不开市场,市场(market)是由购买某种产品或服务的买者和销售该产品或服务的卖者所组成。买者群体决定了产品的需求,卖者群体决定了产品的供给,我们在需求供给理论章节已有完整的解释。经济学中,经济学家们按照不同的划分方法把将市场分为不同种类,如按市场的时间标准不同分为现货市场和期货市场,按空间标准(地理标准)不同分为国际市场和国内市场。更稍微复杂一些,按购买者的购买目的和身份的不同来划分,可分为消费者市场、生产者市场、专卖者市场和政府市场。无论是哪一种分类方法,我们都可以或多或少地从字面意思上理解该市场的基本含义。如果我们按照产品或服务供给方的状况来划分市场的话,市场将被分为完全竞争市场、完全垄断市场、垄断竞争市场(不完全竞争市场)和寡头垄断市场。要弄明白这四种的市场模式,我们必须先明白它们的具体划分标准。

要按照提供产品或服务供给方的情况去划分市场,即根据市场结构来划分市场。所谓市场结构(market structure)即对市场的竞争程度及价格形成等产生战略性影响的市场组织特征,也就是说,我们在划分市场时,会根据市场的竞争程度或垄断程度来将市场进行区分。决定市场结构的因素有很多,主要是市场集中程度、产品差别化程度和市场准入程度。在不同的市场结构下,企业具有不同的市场势力(market power),也就是说企业对市场的控制力是不一样的,所以企业行为所受到的制约程度也是不同的。因此,在这四种不同的市场类型中,商品的均衡价格与均衡数量也是各不相同的。

划分市场结构的重要标准如下:

1.企业数量的多少

企业数量的多少决定了企业的市场势力,具有不同市场势力的企业对市场的控制力是截然不同的。所以说市场势力影响着企业之间的竞争与决策。企业数量越多,那么该市场中企业之间的竞争就越大,单个企业对市场的影响力就越小。比如淘宝上的卖家,某些同款商品经常有好多卖家都在销售。当你搜索该商品时,往往会出现非常多的搜索结果。通过对比,你会发现大部分卖家的定价都差不多,不会出现在同款商品中定价差异很大的情况。

2. 产品差别程度

产品差别程度反映了产品之间的相互替代程度。如果产品无差别或差别极小,即被称为同质产品,那么各企业所生产的产品之间的相互替代程度就很大,这对市场结构会产生很大的影响。如果产品是同质的,产品之间的相互替代性很强,那么对于消费者来说,买哪一家的产品都无所谓,因为产品差别不大,对于他们而言,效用都是差不多的。这个道理非常容易理解,设想如果产品从外观到功能等方面都无差别,那么对于买家来说买任何一个厂家的产品都是一样的。

3. 企业对商品价格的控制程度

这与企业数量息息相关,若该行业里企业数量众多,那么单个企业所占市场份额微小,所以,单个企业是无法控制市场价格的。若该行业里企业数量较少,单个企业所占市场份额大,那么企业就能较为轻易地操纵和控制商品的市场价格。最典型的例子就是垄断企业(后续章节我们会再深入研究说明),大家都知道垄断就是某个企业包揽了某个行业。1870 年,洛克菲勒[①]在美国俄亥俄州创建的石油公司是当时世界上最大的垄断企业,控制了全美 90% 的炼油业,富可敌国。

4. 市场准入难易程度

即企业是否可以不受限制(壁垒)而自由地进入或退出某一行业,如果答案是肯定的,那么该市场很容易进退,如果答案是否定的,那么该市场则很难进入或退出。有的行业,准入门槛很高,新企业根本无法进入。有的行业,不设制任何准入限制,新企业可以自由进入。一个行业的准入壁垒的高低决定了该行业的企业数量。一般来说,准入限制大、壁垒高的行业,企业数量就少;准入限制小、壁垒低甚至无壁垒的行业,企业数量就多。我们可以通过生活中的小例子来理解这个问题,比如说我们在逛街时常常会碰到售货员邀请你办理商场会员的情况,有的商场会员只需要你填写会员信息不需要缴费,有的需要缴纳年费

---

① 约翰·戴维森·洛克菲勒(石油大王),美国实业家,19 世纪第一个亿万富翁。

或季费才能入会员。很显然,在假定会员服务与是否缴纳费用无关的情况下(也就是说免费办理的会员卡与缴费办理的会员卡无区别),不需要缴纳费用的时候办理会员的人数肯定较多。若年费或季费的费用比较高,那会员人数自然就更少,因为准入门槛太高了。

表7-1　四种类型市场结构的划分与特点

市场类型	完全竞争市场	完全垄断市场	寡头垄断市场	垄断竞争市场
厂商数目	很多	唯一	几个	很多
产品差别程度	完全无差别	唯一的产品,且无相近的替代品	有差别或无差别	有差别
对价格的控制程度	没有(价格的接受者)	很大程度,但经常受到管制	相当程度	有一些
市场准入难易程度	很容易	很困难,几乎不可能	比较困难	比较容易
接近哪种商品市场	一些农产品	公共事业,如水、电	钢、汽车、石油	一些轻工业产品、零售业
经济效率	效率最大	效率最小	效率较小	效率较大

表7-1对四种市场类型进行了简单的概括和梳理:(1)完全竞争市场;(2)完全垄断市场;(3)寡头垄断市场;(4)垄断竞争市场。接下来四个章节将按照由浅入深的顺序,先从产品供给方数量最多的完全竞争市场开始,逐一分析这四类市场的情况。

KEY CONCEPTS 回顾

(1)Market:a group of buyers ad sellers of a particular good or service.

(2)Market structure:the interconnected characteristics of a market such as the number and relative strength of buyers and sellers and degree of collusion among them,level and forms of competition,extent of product differentiation,and ease of entry into and exit from the market.

(3)Market power:in economics,market power is the abilities of a firm to profitably arise the market price of a good or service over marginal cost. A firm with market power has the ability to individually affect either the total quantity produced or the prevailing price in the market.

(4) Market failure: a situation in which a market left on its own fails to allocate resources efficiently.

习题及答案

注:本章仅作为四种市场类型的总体介绍,各种市场的核心概念将会出现在后续四个章节中。请在学习完后续四个章节后再做本章配套习题,从而较好地全面检查自己对四种市场类型的整体掌握情况。

Use the following diagram to answer question 1.

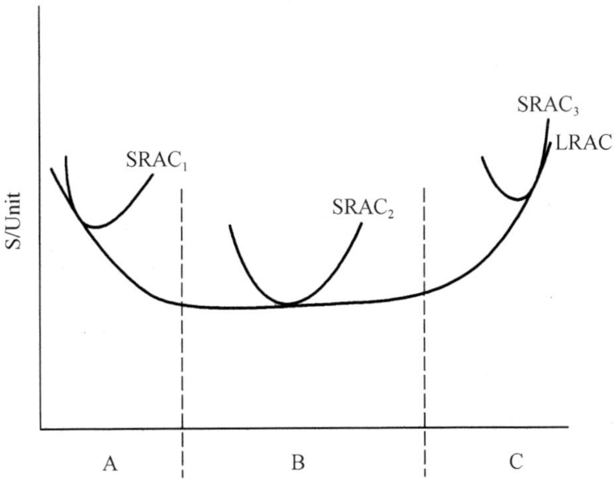

1. Sections A, B, and C of the preceding short-run and long-run average cost graph show, respectively, (　　).

(A) economies of scale, constant returns to scale, and diseconomies of scale

(B) economies of scale, diseconomies of scale, and constant returns to scale

(C) diseconomies of scale, constant returns to scale, and economies of scale

(D) diseconomies of scale, economies of scale, and constant returns to scale

答案:A

2. The best way a government deals with a monopoly is by ( ).

(A) creating a competing firm that is government owned

(B) creating regulations on the monopoly firm

(C) compensating firms hurt by the power of the monopoly

(D) redistributing a percentage of the monopoly's profit through specific tax laws

答案:B

3. A monopolistic competition refers to ( ).

(A) the most competitive market structure

(B) a few small firms offering a differentiated product with easy entry into the market

(C) a market structure with a small number of interdependent large firms producing a standardized product

(D) extensive economies of scale and higher cost-efficiency when there is only one firm for the entire demand of a product

答案:B

4. An oligopoly refers to ( ).

(A) the least competitive market structure

(B) a few small firms offering a differentiated product with easy entry into the market

(C) a market structure with a small number of interdependent large firms producing a standardized product

(D) extensive economies of scale and higher cost-efficiency when there is only one firm for the entire demand of a product

答案:C

5. A monopoly refers to ( ).

(A) the least competitive market structure

(B) the most competitive market structure

(C) a market structure with a small number of interdependent large firms producing a standardized product

(D) extensive economies of scale and higher cost-efficiency when there is only one firm for the entire demand of a product

答案:A

6. A perfect competition refers to (　　).

(A) the most competitive market structure

(B) the least competitive market structure

(C) a few small firms offering a differentiated product with easy entry into the market

(D) a market structure with a small number of interdependent large firms producing a standardized product

答案:A

7. The difference between a monopoly and a monopolistic competition is (　　).

(A) differentiated products

(B) monopolies exist due to extensive economies of scale

(C) accessibility of entry into the market

(D) government regulation

答案:A

8. No barriers to entry or exit, many firms, and a standardized product are characteristics of which type of market structure?

(A) Monopolistic competition

(B) Oligopoly

(C) Perfect competition

(D) Monopoly

答案:C

9. The services of natural gas, water, and electricity brought into the household are best consigned to which market structure?

(A) Monopolistic competition

(B) Oligopoly

(C) Monopoly

(D) Natural monopoly

答案:D

This graph is for question 10 and 11.

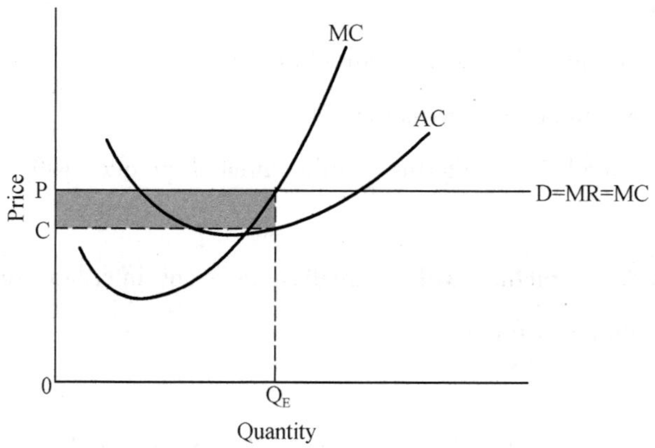

10. The preceding diagram represents which type of market structure?

(A) Monopolistic competition

(B) Monopoly

(C) Oligopoly

(D) Perfect competition

答案:D

11. At which point is the graph showing profit maximization?

(A) MR = MC

(B) AC = P

(C) MC = AC

(D) The area between MC and AC

答案:A

12. What is the most likely reason for perfectly competitive firms do not make a profit in the long run?

(A) The firms being "price takers"

(B) The product being standardized with little differentiation

(C) The arrival of new firms on the market

(D) Barriers of exit from the market

答案:C

13. Suppose you pick up the latest edition of The Economist and read that Company Z, a producer of cigarettes, recently purchased 8 out of the 10 biggest farms that produce tobacco. Since you are a very good AP Economics student, you realize immediately that Company Z is attempting to ( ).

(A) increase profits

(B) establish an oligopoly through collusive pricing

(C) maximize profits where marginal revenue equals marginal cost

(D) establish a monopoly through a majority control of a factor of production

答案:D

14. Since the monopolist has many barriers to entry and no competition, he or she has price - setting ability. This is also known as ( ).

(A) efficiency

(B) profit maximization

(C) market power

(D) purchasing power

答案:C

15. A monopolistic competition has some market power because ( ).

(A) overall, there are not many competitors

(B) overall, it has a large number of competitors

(C) the government restricts the use of patents for monopolistic competitors through antitrust legislation

(D) advertising allows monopolistic competitors to set any price they wish

答案:A

16. Imagine a perfectly competitive market. If the market price of the product is \$15 and the marginal cost is also \$15, which of the following is true?

(A) The firm is making zero profit.

(B) Many firms will soon leave the market.

(C) Many firms will join together to increase profit through collusive pricing.

(D) The firm is profit maximizing.

答案:D

17. For a perfectly competitive market, the best way to maximize profit is (　　).

(A) MR = MC

(B) MRP < W

(C) MC > MB

(D) AFC = MB

答案:A

18. If a firm owns a patent on a product, what may occur?

(A) A monopoly

(B) An oligopoly

(C) The firm may maximize profits at MC = MR.

(D) The firm becomes price takers.

答案:A

19. A monopoly might come into existence if (　　).

(A) there are economies of scale

(B) there are no economies of scale

(C) there is price discrimination

(D) a firm is a price taker

答案:A

20. Economies of scale refers to (　　).

(A) a decrease in efficiency of production as the number of goods produced increases

(B) an increase in efficiency of production as the number of goods produced increases

(C) an increase in efficiency of production as the number of goods produced decreases

(D) a firm maximizing profit through dominance of the market

答案:B

21. Product differentiation is an essential part of which type of market structure?

(A) Oligopoly

(B) Monopoly

(C) Monopolistic competition

(D) Perfect competition

答案:C

22. One of the key differences the makers of the iPhones and the BlackBerry smartphones utilize as part of a monopolistic competition is (　　).

(A) product differentiation

(B) patents

(C) limited liability

(D) licenses

答案:A

23. All of the following are examples of production inputs adjustable in the short run EXCEPT (　　).

(A) the amount of wood and glass to construct a window

(B) the size of the garage in an auto-repair shop

(C) the ratio of raisins to cornflakes in a breakfast cereal

(D) the amount of gas heat consumed in a household

答案:B

24. If marginal cost falls in the beginning and then gradually rises as output increases, you would know that (　　).

(A) the law of diminishing returns is valid

(B) MC = MB

(C) this market structure is a perfect competition

(D) this market structure is a monopolistic competition

答案:A

25. All of the following are variable production inputs EXCEPT (　　).

(A) the amount of electricity used in a plant

(B) the total amount of raw materials utilized in a plant

(C) human capital

(D) the size of a firm's labor force

答案:C

26. If the price of a variable resource increases, the result would be ( ).

(A) a downward shift of MC

(B) an upward shift in AFC

(C) an upward shift in MC

(D) a downward shift in ATC

答案:C

27. The key difference between the short run and the long run is that the short run ( ).

(A) cannot change the size of the plant

(B) is enough time to change the size of the plant

(C) is enough time to change the amount of capital

(D) is not enough time to change the amount of raw materials

答案:A

28. The difference between total revenue and total explicit and implicit costs is known as ( ).

(A) economic profit

(B) accounting profit

(C) total fixed costs

(D) total variable costs

答案:A

29. As a result of increased growth, a firm may experience difficulty in managing larger plants and may lose efficiency. This is known as ( ).

(A) constant returns to scale

(B) economies of scale

(C) law of diminishing marginal returns

(D) diseconomies of scale

答案:D

30. If the long-run average cost curve is constant over a variety of plant sizes, this is known as ( ).

(A) diseconomies of scale

(B) economies of scale

(C) law of diminishing marginal returns

(D) constant returns to scale

答案:D

31. Specialization and lower costs of inputs will often result in (　　).

(A) a decrease in economic profits

(B) economies of scale

(C) a decrease in implicit costs

(D) constant returns to scale

答案:B

32. An organization that employs factors of production to produce a good or service is known as a (　　).

(A) monopoly

(B) limited liability corporation

(C) firm

(D) partnership

答案:C

Use the following graph to answer question 33.

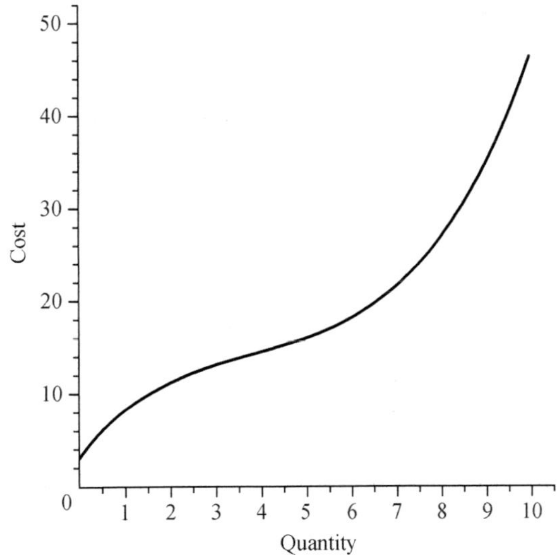

33. The preceding graph shows (　　).

(A) a total cost curve

(B) a total revenue curve

(C) no increasing returns in the early stage of production

(D) a fixed variable cost curve

答案:A

34. Mr. Ray is a business owner of a competitive firm. He is trying to decide whether to shut down his firm in the short run. Which factors should Mr. Ray analyze to help in his decision?

(A) Average variable cost and marginal revenue

(B) Total revenue and total cost

(C) Total fixed cost and total revenue

(D) Price and average total cost

答案:A

35. All of the following are part of a monopolistic competition market structure EXCEPT (　　).

(A) differentiated products

(B) dead weight loss

(C) profits in the short run

(D) patents

答案:D

36. In a perfect competition, if P > ATC, which of the following will take place in the long run?

(A) Price decreases as more firms exit the market.

(B) Price decreases as more firms enter the market.

(C) Price increases as more firms enter the market.

(D) Profits decrease as price increases.

答案:B

37. Dead weight loss occurs in which type of market structure?

(A) Oligopoly

(B) Monopolistic competition

(C) Monopoly

(D) Perfect competition

(E) A, B, and C

答案:E

38. If prices fall below AVC, what should a firm decide to do?

(A) Differentiate products

(B) Raise prices

(C) Shut down

(D) Lay off workers

答案:C

39. The profit-maximizing rule states that to maximize profits a firm should produce where (　　).

(A) MR = MC

(B) MR > MC

(C) MR < MC

(D) MB > MC

答案:A

40. The U-shaped average cost curve is a reality for most business firms because (　　).

(A) firms experience diseconomies of scales in the long run

(B) firms experience economies of scale in the short run

(C) firms experience economies of scale and then diseconomies of scale

(D) firms experience only constant returns to scale

答案:A

第8章　完全竞争市场

8.1　基本概念

完全竞争市场(perfectly competitive market),又称为纯粹竞争市场或自由竞争市场,是指市场上存在许多企业,它们都以同样的方式为市场上众多的买者提供同类的、标准化的产品。在完全竞争市场中,买卖双方对价格都没有影响力,每一个买者和卖者都是价格接受者(price taker)。

从完全竞争市场的定义,我们可以总结出完全竞争市场的四个条件:

1. 市场上的买者和卖者的数量众多,每个买家购买份额或每个卖家销售份额相对于整个市场规模来说都显得微不足道,以至于谁都不能影响商品的价格。任何一个买者买与不买或买多与买少,任何一个卖者卖与不卖或卖多与卖少,亦不会对市场的价格水平产生任何影响。在这样的市场中,单个买者或卖者对市场价格都没有任何控制力,其影响可以忽略不计。

2. 每个卖者提供的商品都是相同的,即市场上每个企业生产出来的产品都是同质的。所谓产品同质是指所有企业生产或销售的产品是完全相同的,产品在外观、质量、性能、销售条件等方面都是无差别的,产品之间具有完全的替代关系。因此,对于消费者来说,购买哪一家企业的商品都无所谓,消费者唯一需要关注的就是商品的价格。如果某一个企业擅自提高产品的价格,那么所有的顾客就会转而购买其他企业的产品,擅自涨价的这个企业的商品就会完全卖不出去。所以,企业的任何提价行为都会招致对本企业产品需求的骤减、降低企业利润。

3. 市场准入门槛极低,即企业可以自由地进入或退出市场,没有任何自然的、社会的或法律上的障碍,所有的资源可以在企业之间和各行业之间完全自由地流动。这意味着任何一种资源都可以及时投向能获得最大利润的生产领域或者及时从造成亏损的生产领域中退出,这就是一种实现长期均衡的强大力量。

4. 经济运行主体(生产者和消费者)具有完全信息。也就是说在完全竞争市场中的每一个消费者和每一个生产者都能够了解到其他市场参与者的一切信息,市场参与者拥有对经济环境状态的全部知识,每个参与者都可以根据自己所掌握的完全信息做出最优选择,获得最大的经济利益。市场上不存在不确定性,不存在信息不完全或者信息不对称的情况,也不会出现由于信息不通畅所导致的同一市场按照不同价格进行交易的情况。

完全竞争市场模型是一个简化的理想状态的模型,我们可以用它来理解和分析竞争企业的收益情况以及竞争市场上供给曲线背后的决策。由于必须同时满足上述四个条件才能算得上是完全竞争市场,在现实经济中,真正严格符合以上四个条件的市场是不存在的。通常经济学家们认为一些农产品市场(如小麦、玉米等)比较接近于完全竞争市场。

8.2 竞争企业的利润最大化

完全竞争市场中的竞争企业同样追求利润最大化(利润 = 总收入减去总成本)。为了看清竞争企业如何实现利润最大化,我们通过一个例子来具体分析一下竞争企业的收入。

假设苹果汁市场是完全竞争市场,也就是说该市场有众多的苹果汁生产企业和消费者。假定苹果汁的价格是 5 美元/升,因为生产企业是价格的接受者,所以无论生产数量是多少,苹果汁的价格一直都是 5 美元。请你根据收入计算公式来分别计算商品数量从 1 升至 10 升时企业的总收益、平均收益和边际收益(表 8 - 1)。

- 总收益(total revenue,TR)是指企业出售产品后所得到的销售收入。

总收益计算公式:$\text{total revenue} = P \times Q$

以 P 表示既定的市场价格,以 Q 表示销售数量。

- 平均收益(average revenue,AR)指企业在平均每一单位的产品销售中所获得的收益。

平均收益计算公式:$AR = TR/Q$

- 边际收益(marginal revenue,MR)指企业每增加或减少一单位产品的销售所引起的收益的变化。

边际收益公式：$MR = \Delta TR / \Delta Q$

如果你计算正确的话，你应该能得到下面这些数据(表 8-2)。

表 8-1 总收益、平均收益与边际收益

价格($)	数量(升)	总收益	平均收益	边际收益
$5	1	$5	$5	
$5	2	$10	$5	5
$5	3	$15	$5	5
$5	4	$20	$5	5
$5	5	$25	$5	5
$5	6	$30	$5	5
$5	7	$35	$5	5
$5	8	$40	$5	5

可以看出平均收益和边际收益都等与商品的价格(AR = MR = P)。

表 8-2 各类变量统计

数量(升)	总收益($)	总成本($)	利润($)	边际收益($)	边际成本($)	边际收益-边际成本($)
0	0	2	-2			
1	5	4	1	5	2	3
2	10	7	3	5	3	2
3	15	11	4	5	4	1
4	20	16	5	5	5	0
5	25	22	4	5	6	-1
6	30	29	1	5	7	-2
7	35	37	-2	5	8	-3
8	40	46	-6	5	9	-4

8.3 完全竞争市场短期均衡

在生产成本章节中，我们总结过成本曲线的特征：边际成本曲线（MC）是向上倾斜的；平均成本曲线（ATC）是 U 形的；边际成本曲线通过平均成本曲线的最低点。现在我们根据各种成本曲线画出图形（图 8－1），并且通过图形来寻找企业实现利润最大化的生产均衡点。

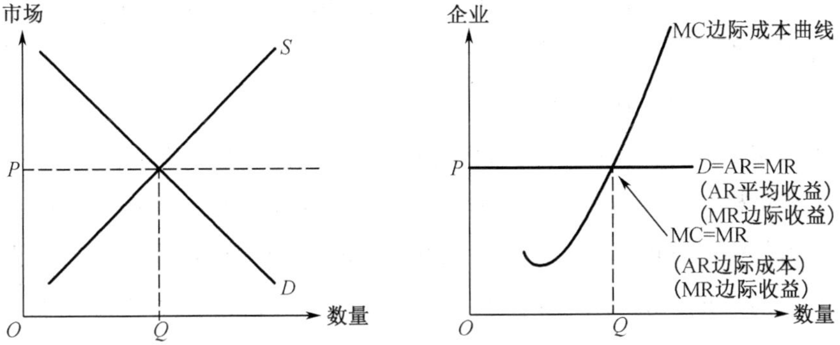

图 8－1 短期均衡

在完全竞争市场上，因为企业是价格接受者，市场价格（P）是一条水平线。只要市场价格确定了，企业的产品就只能按照这个价格进行销售，所以，企业的需求曲线是一条水平线。因为无论企业决定生产多少产品，产品的价格都是相同的。对于竞争企业来说，按照利润最大化原则，产品价格既等于它的平均收益（AR），又等于它的边际收益（MR）。在第 2 小节中，我们计算过苹果汁市场的平均收益和边际收益，计算的结果同样也认证了这个规律（即商品价格等于平均收益等于边际收益）。因此，当商品价格既定时，企业会按照边际成本曲线所对应的产量进行生产，所以，短期供给曲线与厂商的边际成本曲线（MC）重合。

我们可以看到边际成本（MC）与价格（P）相交。交点对应的产量为 Q，此时边际成本（MC）与边际收益（MR）正好相等，达到短期均衡点，企业实现了利润最大化。为了更好地理解短期均衡，我们来分析两种不同的情况。

1. 当产量小于 Q，相对应地，企业的边际收益大于边际成本 $MR_1 > MC_1$，这意味着企业多生产和销售一单位产品，增加的产量会导致收益和成本的增加。

然而,由于边际收益大于边际成本,所以总收益的增加量将大于总成本的增加量。此时,企业的利润会增加,企业自然会愿意继续增加产量从而获取更大的利益。所以,只要在边际收益大于边际成本的情况下,企业会通过增加产量获得更大的利润。

2. 当产量大于 Q,企业的边际收益小于边际成本 $MR_1 < MC_1$,这意味着情况正好相反:企业多生产和销售一单位产品,产量的增加同样会引起总收益和总成本上升,但是,由于边际收益小于边际成本,所以产量所带来的总收益的增加量将小于成本的增加量。也就是说,企业越是增加产量就越是不利。所以,只要边际收益小于边际成本的情况下,企业会减产直至产量调整到 Q(即 $MR = MC$)时,最终达到利润最大化。

根据这个分析,我们可以得到利润最大化的三个一般规则:

- 若价格(边际收益)大于边际成本 $P = MR > MC$,企业会选择增加产量。
- 若价格(边际收益)小于边际成本 $P = MR < MC$,企业会选择降低产量。
- 在利润最大化的产出水平上,价格(边际收益)恰好等于边际成本 $P = MR = MC$。

所以,在完全竞争市场上,竞争企业会通过观察价格与边际成本曲线的焦点来找出利润最大化的产量。

上面的分析都是生产者面对既定商品价格所做出的产量选择,现在我们假设由于市场需求增加导致市场价格上升,那么竞争企业会产生什么样的反应呢? 在供给需求章节我们知道,当价格上升时,供给会增加,也就是说企业会增加产量。究其深层原因是因为当价格上升时,企业会发现在原有的产量水平上边际收入大于边际成本,企业有利可图,所以企业才会选择增加产量。从本质上看,由于竞争性企业的边际成本曲线决定了企业在任一价格水平上所愿意供给的商品数量,边际成本曲线也是该企业的供给曲线。所以在短期,企业在既定的生产规模下,只有通过调整产量才能实现利润最大化的均衡条件。在短期,完全竞争企业会依据边际收益(Marginal Revenue)与短期边际成本(Short Marginal Costs)之间的关系来决定产量。

一般来说,企业无非会遇到超额利润、零利润或亏损这三种情况。企业最愿意看到的情况肯定是有利润,通过生产合适的商品可以赚钱,甚至钵满盆满,我们很容易理解企业为什么会在盈利时选择继续生产增加产量的行为。但是,如果企业面临经济利润小于零(即亏损)时,企业会如何决策呢?是选择苦苦煎熬继续生产呢?还是立即停止生产造成亏损的产品而转投其他产品呢?我们会在生活中看到有些企业明明已经面临亏损了,可还是继续坚持生产。他们为什么要这么做呢?在什么情况下,这些企业才会停止营业,不生产任何产品呢?所谓停止营业(shutdown)是指由于当前市场条件不利,企业在某个既定时期不生产产品的短期决策。对于这个问题最为直观的解答就是通过图形进行具体分析(图8-2)。

企业供给曲线是平均可变成本(AVC)以上的边际成本曲线(MC)。边际成本曲线(MC)分别与平均成本曲线(ATC)和平均可变成本(AVC)曲线相交,从而把边际成本曲线分成了三段。

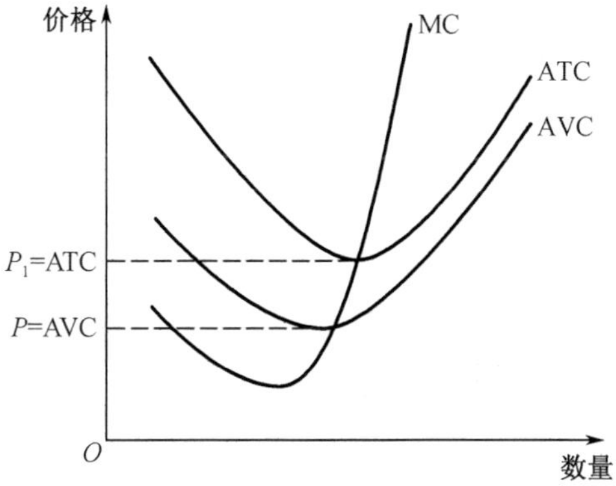

图8-2　短期边际成本曲线(MC)、短期平均总成本曲线(ATC)及短期平均可变成本曲线(AVC)

• 如果价格低于平均可变成本(P < AVC),也就是平均收益(等于边际收益)低于平均可变成本时,企业是完全亏本的,所以,如果此时企业选择停止营业反而会使得情况有所好转。

• 如果价格介于平均可变成本和平均总成本之间(AVC < P < ATC),即企业所面临的需求曲线在高于平均可变成本曲线的最低点,且低于平均成本曲线的最低点时,企业虽然亏损但仍会选择继续生产。因为大多数企业在短期中不能避开固定成本,企业可以通过继续生产来弥补一部分固定成本,使亏损的影响降到最低。说简单些,就如企业的生产车间,在未进行任何商品生产之前企业已经对车间的修建投入了资金,无论企业是否选择开始生产,固定成本已经投入了,这笔钱已经花了,也就是我们常说的前期投入。所以,尽管企业处于亏损状态,但是它仍然会继续生产,只有继续生产才有利于企业挽回一些对固定成本的投入。

• 如果价格高于平均可变成本(P > AVC),企业是有利润的,所以它会继续生产以获得更多的利润。

当企业的平均收益等于平均可变成本(AR = ATC)时,企业处于一个临界点。也就是说,企业可以选择继续生产,也可以选择不生产,因为生产与不生产的结果都是一样的。这个临界点被称为停止营业点。

8.4 完全竞争市场长期均衡

完全竞争市场的长期均衡(图 8－3)是指在长期中企业通过改变所有要素的投入数量,从而实现利润最大化的目的,达到的一种均衡状态。从长期看,企业会在生产要素投入量与利润之间寻找平衡,在长期均衡状态下,原有厂商的利润为零。

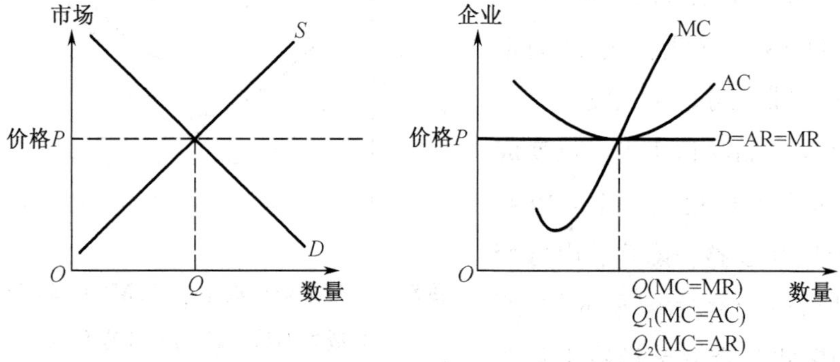

图 8－3 长期均衡

MC:边际成本;AC:平均成本;AR:平均收益;MT:边际收益

企业的长期均衡条件为 LMR = LMC = LAC = SMC = SAC,即长期边际收益等于长期边际成本等于长期平均成本等于短期边际成本等于短期平均成本。

这个貌似复杂的均衡条件,其实是在短期均衡上的延伸,上一小节我们总结过短期均衡条件即短期边际收益(即价格)等于短期边际成本等于短期平均成本 P = SMR = SMC = SAC。而要使长期也达到均衡状态,无非就是长期边际成本和长期平均成本与短期边际成本和短期平均成本相等即可。

长期市场供给曲线与短期市场供给曲线一样,也是向右上方倾斜的。

• 原因一:对于用作生产的某些资源来说,资料数量可能是有限的。我们知道生产时离不开自然资源,如土地资源、水资源等。我们以小麦为例,小麦生产需要土地,而任何人都可以在购买土地后开始小麦种植,但是土地的数量是有限的。当越来越多的人购买土地种植小麦时,土地就会变得越来越少,土地的价格自然就被抬高了,这就增加了市场上所有农民的成本。在这种情形下,需求的增加诱使供给增加,必然伴随着生产成本增加,从而引起小麦价格上升。从长期看,市场供给曲线是向上倾斜的。

• 原因二:不同企业的生产成本不同。这个道理非常容易理解,在完全竞争市场,任何企业都可以自由进入或者退出市场,但是由于各种原因企业的生产成本不尽相同。对于任何给定的价格,成本较低的企业比成本较高的企业更有可能留在市场。对于新进入的企业,如果该企业具有较低的生产成本的话,也会比其他企业更容易进入该市场。对新进入者来说,只有市场价格较高时的利润水平会影响企业进入或退出市场的决策,只有出现足够的激励时才会刺激额外的企业进入市场。因此,即使市场能够自由进入,由于生产成本的影响,企业的数量在长期中更容易产生变化,因为相比较短期而言,企业在长期更容易进入或退出市场,所以长期的市场供给曲线是向上倾斜的,长期供给曲线通常比短期供给曲线更富有弹性。

那么,完全竞争市场企业长期决策原则是什么呢?其实,企业在长期生产中对全部的生产要素的调整可以表现为两个方面:

一方面可以表现为对最优的生产规模的选择。在长期,所有的要素都可以进行调整,也就是说,各个企业都能够调整生产要素选择总成本最低时的生产规模,即最低的生产规模。

另一方面表现为进入或退出一个行业的决策。在长期,行业的企业数量会较容易发生变化。超额利润会诱使新企业加入,而亏损的企业有可能会选择退出。这很容易理解,如果企业所要面对的最终结局是利润为零甚至亏损,那么企业似乎没有必要继续经营了。

激励影响企业选择进入或退出市场的决策,为此我们必须分析市场原有企业主和新加入的企业主面对不同激励时的反应。

(1)如果商品价格大于平均成本(即利润为正),那么市场上原有的企业是可以赚得利润的,面对盈利的诱惑,新企业觉得进入该行业会有利可图,这样的激励会吸引新创业者纷纷进入市场。从而导致市场中企业数量增加,商品的总供应量增加,因为完全竞争市场上的商品具有同质性,所以根据供给需求关系我们知道商品供应数量的增加必然会压低价格,无论是原有企业还是新加入的企业,它们实际获得的利润都会变少。

(2)如果商品价格小于平均成本(即利润为负),那么市场上有些原有的企业是亏损的,这些企业就有可能会选择退出市场,而且该市场无利可图不太可能吸引新的创业者加入。所以,随着部分企业的退出,市场上的企业数量减少,相应地,商品供给量减少,从而抬升了商品价格,那么仍然留在该市场的企业就会增加企业利润。

(3)如果商品价格等于平均成本(即利润为零),那么原有企业不会选择离开市场,因为原有企业如果在利润为零的情况下离开该市场,那么它就无法收回固定成本地投入了。就比如你打算开一家果汁店,你租了店面、购买了榨汁机等设备,就算利润为零,你也不会选择退出,因为一旦退出就意味着这些投入打了水漂,而且因为你并没有亏本,所以你会对未来充满信心,更有可能继续坚守阵地。新企业觉得这个市场不赚钱,所以很自然不会选择贸然进入。总而言之,只有在商品价格等于平均成本时,企业进入和退出市场过程才会结束,对于一直留在该市场坚守阵地的企业来说,企业的经济利润必定为零。

综上所述,结合之前的章节学习,我们已经知道,竞争性企业的利润最大化产量即是当商品价格等于边际成本($P = \mathrm{MC}$)时的产量。我们也知道,自由进入和退出市场的力量迫使价格等于平均成本($P = \mathrm{AC}$)。由此我们推断出在长期,价格既等于边际成本又等于平均成本($P = \mathrm{MC} = \mathrm{AC}$)。然而,只有当企业在平均成本最低点经营(即企业的有效规模)时,边际成本才等于平均成本。因此,在完全竞争市场上,每个企业必须调整自己的有效规模。这是一个动态的过程,企业实现有效规模时产生利润,导致总供给量增加、诱使新企业进入、企业数量增加。反之,达不到有效规模的企业就会导致亏损,迫使企业退出,造成企业数量减少,总供给量随之减少。最终,市场中的企业数量将调整至价格等于平均成本的最小值为止,在这个价格水平上达到长期均衡。

KEY CONCEPTS 回顾

(1) Prefect competition: in economics, specifically general equilibrium theory, a perfect market is defined by several idealizing conditions, collectively called perfect competition. In theoretical models where conditions of perfect competition hold, it has

been theoretically demonstrated that a market will reach an equilibrium in which the quantity supplied for every product or service, including labor, equals the quantity demanded at the current price. This equilibrium will be a Pareto optimum, meaning that nobody can be made better off by exchange without making someone else worse off. A perfectly competitive market is a hypothetical market where competition is at its greatest possible level.

(2) Price taker: is an individual or company that must accept prevailing prices in a market, lacking the market share to influence market price on its own. All economic participants are considered to be price-takers in a market of perfect competition, or one in which all companies sell an identical product, there are no barriers to entry or exit, every company has a relatively small market share, and all buyers have full information of the market.

习题及答案

1. For a firm, marginal revenue minus marginal cost is equal to (　　).

(A) profit

(B) average total cost

(C) change in average revenue

(D) change in profit

答案:D

2. A competitive firm is currently producing a quantity of output at which marginal revenue exceeds marginal cost. In order to increase its profit, the firm should (　　).

(A) increase the price of thc good that it produces and sells

(B) increase its quantity of output

(C) decrease its total cost

(D) decrease its average total cost

答案:B

3. In a market with a fixed number of firms, as long as price is (　　).

(A) above average variable cost, each firm's marginal-cost curve is its supply curve

(B) above average variable cost, each firm's average-total-cost curve is its supply curve

(C) above average total cost, each firm's marginal-cost curve is its supply curve

(D) above average total cost, each firm's average-total-cost curve is its supply curve

答案:A

4. Suppose the long-run supply curve for a good is upward-sloping. The upward slope could be explained by (   ).

(A) an increases in production costs resulting from more firms coming into the market

(B) a breakdown of the "free entry and exit" feature of competition

(C) a breakdown of the "price taking" feature of competition

(D) a stable demand curve for the good, that is, a demand curve that never shifts

答案:A

5. Suppose the long-run supply curve for a good is upward-sloping. The upward slope could be explained by (   ).

(A) decreases in production costs resulting from more firms coming into the market

(B) a breakdown of the "free entry and exit" feature of competition

(C) a breakdown of the "price taking" feature of competition

(D) the fact that a resource used in the production of the good is available only in limited quantities

答案:D

6. A firm has market power if it can (   ).

(A) maximize profits

(B) minimize profits

(C) influence the market price

(D) produce many products

答案:C

7. A key characteristic of a competitive market is that ( ).

(A) firms minimize total costs

(B) free entry is unlimited

(C) producers sell nearly identical products

(D) firms have power to set price

答案:C

8. Which of the following statement is TRUE?

(A) For all firms, marginal revenue equals to the price

(B) For all firms, average revenue equals to the marginal revenue

(C) Only for competitive firms, average revenue equals to the price

(D) Only for competitive firms, average revenue equals to the marginal revenue

答案:C

9. At the profit-maximizing level of output, ( ).

(A) MR = ATC

(B) MR = AVC

(C) MR = MC

(D) AR = MC

答案:C

10. When competitive firms are earning profit, ( ).

(A) Market demand must exceed market supply

(B) Market supply must exceed market demand

(C) New firms will enter the market

(D) The most efficient firms will decrease the production

答案:C

Application:

Use the graph below to answer the following questions.

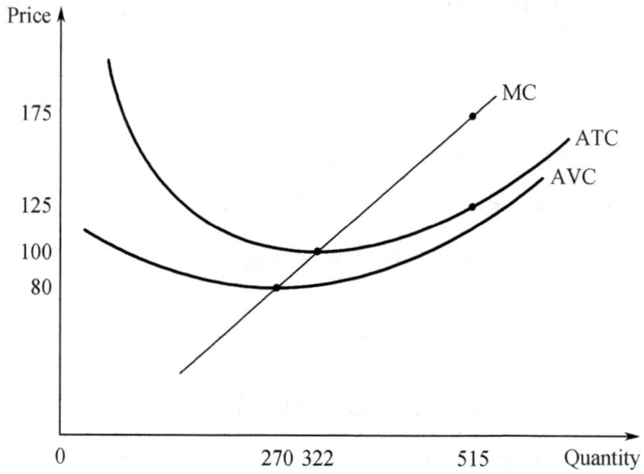

图 8－6

11. Let Q represent the quantity of output and suppose the price of the good is $125. Then (　　).

(A) marginal revenue is $125 at Q = 270

(B) marginal revenue is $125 at Q = 322

(C) marginal revenue is $125 at Q = 515

(D) All of the above are correct

答案:D

12. Suppose the price of the good is $175. If the firm produces and sells 515 units of output, its total revenue is (　　).

(A) $100, 525

(B) $90, 125

(C) $84, 500

(D) $75, 250

答案:B

13. When the price of the good is $175, the firm's maximum profit is (　　).

(A) $16, 500

(B) $20, 375 (C) $25, 750

(D) $90, 125

答案:C

14. Suppose AVC = \$113 when the firm produces 515 units of output. Then the firm's fixed cost amounts to (　　).

(A) \$5, 500 and its profit amounts to \$20, 375

(B) \$5, 750 and its profit amounts to \$20, 375

(C) \$5, 980 and its profit amounts to \$25, 750

(D) \$6, 180 and its profit amounts to \$25, 750

答案:D

15. Suppose the price of the good is \$175. If the firm produces and sells 514 units of output, its profit is approximately

(A) \$24, 995

(B) \$25, 550

(C) \$25, 750

(D) \$26, 025

答案:C

16. The firm will shut down in the short run if the price of the good is (　　).

(A) \$75

(B) \$85

(C) \$95

(D) \$65

答案:A

17. In the long run, the firm will exit the market if the price of the good is (　　).

(A) \$75

(B) \$85

(C) \$95

(D) All of the above are correct

答案:D

18. At what price is the firm's maximum profit zero?

(A) $80

(B) $90

(C) $100

(D4) $125

答案:C

Application Ⅰ:

Company A grows apples and operates in a constant cost and perfectly competitive industry. It is currently in long-run equilibrium.

draw correctly labeled side-by-side graphs for the apple industry and company A, and show market output and price, as well as company A's output and price.

assume that the government provides farm support to apple growers by granting an annual lump-sum subsidy to all apple growers. Indicate the effect of the subsidy on company A's output and profit in the short run.

Application Ⅱ:

Company E operates in a perfectly competitive market for the smoke alarms. It is currently earning short-run positive economic profits.

assume that purchases of smoke alarms create positive externalities. Draw a graph by labeling the market equilibrium quantity and the socially optimum equilibrium quantity. outline one example of government policy which could be implemented to boom the production of the smoke alarms.

第 9 章　完全垄断市场

9.1　基本概念

垄断一般分为卖方垄断和买方垄断,我们这里只分析卖方垄断的情况。如果一个企业是某市场上是产品的唯一提供者,而且这个产品没有相近的替代品,那么这个企业就是一个垄断企业,这种市场就是完全垄断市场(monopoly)。完全垄断市场是与完全竞争市场截然相反的一种市场类型,所以我们通过对比研究就可以非常轻松地掌握完全垄断市场的特点。为了弄明白完全垄断市场的特征,我们需要回答以下三个问题:

(1)该市场有多少个竞争企业?

(2)企业与商品价格的关系?

(3)产品是否具有同质性?

在完全竞争市场上,有很多企业提供具有同质性的商品(外形、功能和用途基本相同的产品),每个企业对商品价格的影响力都非常小,甚至可以忽略不计,所以企业只是价格的接受者(price taker);而垄断企业没有相近的竞争者,它是市场上唯一一家生产商,所以更不存在产品同质性的问题。垄断企业对市场的控制力很强,有能力影响产品的市场价格,它是价格制定者(price maker)。也就是说,垄断企业具有很强的市场势力,它可以根据自己的利益需求调节产量从而控制产品价格。它也跟所有的企业一样,目的都是追求利润最大化。所以,垄断企业为了赚取更高额的利润,会向消费者索要更高昂的价格,其产品定价往往高于边际成本。作为买方,消费者只能在买与不买之间进行选择,如果想要拥有该商品,消费者别无他法,只能接受垄断企业索要的高价格。既然垄断企业具有操控市场价格的能力,那么它就可以肆意妄为随意设定产品价格吗?答案是否定的。因为尽管垄断企业能控制产品售价,但是,由于较高的价格往往让消费者望而却步,这就减少了消费者的购买量,所以垄断企业的利润并不是无限制的。

从经济福利角度来看,垄断对经济的影响与完全竞争市场肯定也是截然相反的。在完全竞争市场上,市场规律无形之中引导自利的消费者和生产者的行为,提高了资源的有效配置,生产者以最低成本进行市场,每个生产者都努力使其生产的产品价值达到最高程度,从而促进了社会的公共利益。由于价格是既定的,所以消费者无须支付高昂的价格,这实现了消费者及其消费需求满足的最大化,促进了一般经济福利。然而,在完全垄断市场上,由于垄断企业没有竞争对手,不会受到竞争的影响,完全垄断市场的结果通常不是对社会最有利的。之前我们分析过市场势力是市场失灵的主要原因之一,所以分析完全垄断市场时我们肯定会分析政府政策制定者的解决办法。

9.2 垄断产生的原因

在经济发展过程中,自由竞争引起生产集中。所谓生产集中是指生产资料、劳动力和商品的生产越来越被集中到少数大企业的过程,是资本积聚和集中的结果和表现,生产集中发展到一定阶段就必然引起垄断。

形成垄断的主要原因有三个:

1. 自然垄断

与很多企业相比,某个生产者能以更低的成本生产商品,生产成本使得一个生产者比多个生产者更有效率。

2. 资源垄断

生产产品的关键资源由一个生产者所拥有。

3. 政府垄断与政府授予垄断

这是两个不同的概念。政府垄断是指政府直接行使垄断权力,政府授予垄断是指政府给予某一家企业生产某种商品或服务的专有权,这种权力具有排他性。

无论出于何种原因,都是由于较高的进入壁垒导致了垄断。所谓进入壁垒(barriers to entry)是指市场准入门槛的高低。在完全垄断市场上,行业的进入壁垒很大,垄断企业会竭尽所能保持其唯一卖者的地位,因此其他企业很难进入这个市场与其进行竞争。下面我们分别对上述三种原因进行深入剖析。

9.2.1 自然垄断

自然垄断(natural monopoly),也被称为自然寡头垄断,是指尽管市场上的某种产品或服务可以由单个或者多个家企业所提供,但是由单个企业提供的成本更低、更有效率,那么该行业就是一种自然垄断,例如自来水、电力供应等。当在某个产量区间上存在规模经济时,自然垄断就可能产生。正是由于存在资源的稀缺性、规模经济效益和范围经济等因素,对于任何既定的产量,若由很多企业生产,则每个企业的产量更低、平均成本更高,而单个企业可以以最低的成本进行生产。说简单些,就是某种市场的商品如果由一个卖家来提供反而会更有效率、更划算,对整个社会而言也是一种资源的节约,是合意的。

这里我们要将垄断和自然垄断两个概念区分开,虽然字面上就差了两个字,但是内涵却完全不同。自然垄断属于垄断的一种形式。自然垄断往往带来效率经济的增加,社会总体福利上升,它的存在具有相当的积极性,所以很多国家在立法上肯定了自然垄断企业的合法地位。但是,垄断企业的待遇就不一样了。如果垄断企业不是拥有关键资源或者得不到政府的保护,那么它的垄断地位将难以维持。因为垄断所产生的巨额利润将吸引新企业进入市场,这些新企业的进入必然导致企业数量增加,从而提升市场竞争的程度。为了巩固独霸一方的地位,垄断企业往往需要投入更多资金在关键资源的维护或政府的支持上。而自然垄断则大相径庭,如果某个行业是自然垄断的,那么,即便没有政府的保护和支持,潜在的市场进入者也对这样的行业不感兴趣。原因非常明显,因为规模经济的存在,这些潜在进入者明确知道他们不可能达到原垄断者所享有的低成本,所以他们不会贸然进入该市场。也就是说,新企业知道如果贸然进入自然垄断市场,它们必须承担更高的生产成本才能与原有企业抗衡。明摆的亏本生意谁都不会去做。但是,如果新企业处于其他目的选择进入该市场之后,市场被更多的生产者所瓜分,每个企业的市场份额会变小。所以,在某些情形下,市场的大小是某行业能否出现自然垄断者的一个决定因素。换句话说,随着市场的扩张,某个自然垄断行业可能演变为更具有竞争性的市场。

9.2.2 资源垄断

所谓资源垄断是指单个企业拥有生产某种产品的关键资源,这也是垄断产生的最简单方式。经济学里资源垄断的经典案例是南非的钻石企业戴比尔斯。尽管该公司的市场份额并未到达100%,并未成为真正意义上的完全垄断企业,但是由于拥有关键资源(钻石)的专有权,所以该企业对钻石市场具有很强的控制力,对整个市场的价格造成了很大的影响。虽然从理论上来说某种关键资源的专有权是产生垄断的一种根源,但是如今由此原因所引起的垄断却很少出现。尤其是经济全球一体化的今天,国际贸易如此繁荣,国家之间的联系如此密切,某个企业拥有某种资源且这种资源无相近替代品的例子非常罕见。

9.2.3 政府垄断与政府授予垄断

在我国,我们用“行政垄断”来概括政府垄断与政府授予垄断这两个概念。政府垄断是指政府出于国家和社会公共利益的需要,对某些与经济命脉、国计民生有重大关系的行业和市场实行独占性垄断。而政府授予垄断在很多情形下,其产生的原因是因为政府将某种商品和服务的专卖权授予给了某个人或某个企业。

无论是政府垄断还是政府授予垄断,政府作为唯一的资源配置主体,驾驭着全部社会经济领域,市场的资源配置功能被取消。简单地说,就是政府是市场的主导。政府之外的各类组织高度依赖于政府,除了从政府获取所需资源外,没有任何其他渠道。久而久之,由于政府在经济上长期处于垄断地位,使得政府逐渐在政治、文化等方面具有了全面控制能力,建立起一个“全能型政府”。在全能型政府管理模式下,政治、经济和意识形态三个中心高度重叠,整个社会生活政治化,形成了“强政府、弱社会”的国家权力格局。在市场经济条件下,各个国家都或多或少地都存在着行业壁垒、地区壁垒、政府限制交易的情形。

反对行政性垄断之所以是一个世界性的共同话题,其原因在于现代国家职能转变过程中出现的“政府失灵”现象。也就是说,虽然在市场失灵时,市场经济无法自我调节实现资源最有效配置,政府可以通过相关政策和措施成为干预和调节经济的力量。但是,随着政府职能的全面转变,也会造成的另外一个后果——就是直接导致行政权力有机会进入市场,从而出现政府不当干预经济的现象。与市场失灵的后果一样,政府失灵一样严重影响市场的竞争秩序,甚至会产生更为严重的后果。所以,政府机关、国有企业以及各种授权承担管理职能的公共组织就应当顺理成章地成为竞争法的调整对象。一旦政府的公权力普遍且深度介入市场时，政府(或其授权的组织)就有足够的能力去夸大和促进与它有着利益关系的经济单位的发展。这就潜在地存在着严重扰乱经济生活和扭曲资源配置的可能性，造成市场经济的效率降低。所以，关键问题是如何有效地规制行政性垄断？唯一的做法无疑是依法治国。通过法律法规，在政府干预和市场运行之间砌起一道防火墙。我国已把行政性垄断纳入《反垄断法》的规制范围，其根本原因也正是在经济转型背景下，把这种公权与私权结合的垄断方式规定进去，直接明确行政主体滥用公权力限制市场竞争，确定其限制竞争性质的违法性。这是政府干预经济造成的行政行为经济化对法制的客观需求，是一种明智和正确的选择，也是具有时代性意义的必然选择。

9.3 垄断企业的决策

竞争企业与垄断企业最重要的区别是，竞争企业将价格视为市场给定条件，所以竞争企业利润最大化时，价格是一条水平线。并且，由于竞争企业销售的产品具有替代性，所以任何一家竞争企业所面对的都是具有完全弹性的水平的需求曲线。而垄断企业是市场上唯一的生产者，它有能力通过调整产品供给量来改变产品的价格。所以，它的需求曲线就是市场需求曲线，是一条右下方倾斜的曲线。

竞争企业与垄断企业的共性在于，无论是竞争企业还是垄断企业，任何一家企业的目标都是利润最大化。利润等于产品价格乘以销售数量，如果价格又高销售产品的数量又多，那么利润肯定很大，这对于任何一家企业来说都是求之不得的好事。作为竞争企业，它们无法决定市场价格，所以，企业唯有努力增加销售数量才能增加利润。

然而，对于可以控制市场价格的垄断企业而言，它们能实现商品卖得又贵又多的情况吗？现在，我们从垄断企业对生产和销售产品数量调整的角度来分析。

- 如果垄断企业减少生产量，那么自然会引起商品价格上升。一般情况下，消费者自然会减少对商品的购买，所以商品的销售数量是下降的。
- 如果垄断企业增加生产量，结果是商品价格被压低，消费者自然愿意多购买该商品，商品的销售数量是增加的。

所以,垄断企业的销售量与市场价格的变动成反比。

市场需求曲线描述了价格如何影响产量的情况,也就是说,市场需求曲线描述的是垄断企业可以得到的价格和销量的各种组合。这对垄断企业利用它对市场的控制力而盈利的能力施加了一种限制,使得垄断企业也无法做到将商品卖得又贵又多。即使垄断企业通过调整产销量来改变商品价格,它也只能选择在需求曲线上的任何点的价格和产量的组合,但是它不可能选择需求曲线之外的点。我们可以得出结论:对于垄断企业来说,价格与销量成反比关系,这与我们之前章节里分析的供给需求理论的结论是一致的。

那么,垄断企业究竟应该如何选择价格和产量才能实现最大化利润呢?在完全竞争市场上,企业的需求曲线、平均收益曲线和边际曲线上重合的。那么完全垄断市场的情况会如何呢?我们将通过下面的数学计算公式以及图形来进行深入研究。

根据计算公式,

$$\text{平均收益 AR} = \text{总收益 TR}/\text{产量 } Q$$

$$\text{总收益 TR} = \text{价格 } P \times \text{产量 } Q$$

所以

$$\text{平均收益 AR} = \text{价格 } P$$

因此,垄断企业的平均收益曲线与需求曲线重叠,即同一条右下方倾斜的曲线。

经济学家们强调理性人从边际角度来分析问题,所以我们通过边际收益来理解垄断行为是非常重要的。边际收益是企业从额外一单位销量上所获得的收入量,即边际收益计算出当销量增加一单位时总收入的变动量。

$$\text{边际收益(MR)} = \Delta\text{TR}/\Delta Q$$

垄断企业的边际收益非常不同于竞争企业的边际收益。当垄断企业增加销量时,这个行为对总收入($P \times Q$)有两种效应:

1. 销量效应:销量增加,因此 Q 更高,这倾向于增加总收入。

2. 价格效应:价格下降,因此 P 更低,这倾向于减少总收入。

对比研究竞争企业与垄断企业,我们会发现:

• 对于竞争企业:竞争企业能以市场价格销售它想要销售的商品数量,不存在价格效应(即价格效应为0)。当竞争企业销量增加1单位时,它是以市场价格卖掉该单位产品的,这不会对前面的销量造成收入上的损失。也就是说,作为价格接受者,竞争企业的边际收益等于产品价格(MR = P)。

- 对于垄断企业:当垄断企业的销量增加 1 单位时,这对它销售的每单位产品都会造成影响,因为每增加 1 单位的销量都会拉低商品的价格,这个降价减少了前面销量的收入。结果,垄断企业的边际收益小于产品的价格(MR < P)。

所以,垄断企业面对右下方倾斜的需求曲线,前面我们分析过增加销售量会降低商品价格,减少销售量就会提升商品价格。由于价格与平均收益相等,所以我们同样可以推断出垄断企业的边际收益总是小于平均收益(MR < AR),而且边际收益甚至可能变为负数。若边际收益为负,是因为销售收入的价格效应大于销量效应。在这种情形下,当企业生产额外一单位产品时,尽管企业的销售量增加了,但是价格大幅降低导致企业的总收入下降。

现在,我们通过图形来分析垄断企业的利润情况。垄断企业选择边际收益等于边际成本之处的产量时,利润最大。需求曲线将消费者们的支付意愿和销售量关联起来,所以我们可以通过需求曲线来找到能使消费者购买这个产量的价格。我们分别来看看企业处于较低或较高产量水平时的情况(图 9-1)。

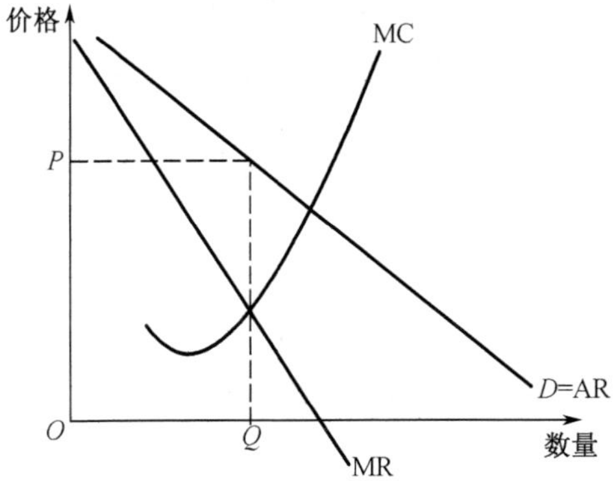

图 9-1 边际收益曲线(MR)、边际成本曲线(MC)与平均成本曲线(AR)

(1)假设该企业在较低的产量水平处生产。在这种情形下,边际成本小于边际收益。如果该企业增加 1 单位的产量,那么额外收入会超过额外成本,利润会上升。因此,当边际成本小于边际收益(MC < MR)时,企业增加产量可以增加利润。

(2)假设该企业在较高的产量水平处生产。在这种情形下,边际成本大于边际收益。如果该企业减少 1 单位的产量，那么节省的成本将大于损失的收入。因此，如果边际成本大于边际收益（$MC > MR$）时，企业减少产量反而能增加利润。

无论企业最开始的产量处于何种水平，最终，企业会不断调整产量水平直至产量达到 Q。在达到这个产量时，边际成本等于边际收益（$MC = MR$）。因此，垄断企业实现了利润最大化的产量水平，该产量即由边际收益曲线和边际成本曲线的交点所确定。在相交处，边际成本与边际收益相同。这与竞争企业的选择是一致的。因此，垄断企业首先会根据边际收益和边际成本相等这个条件去选择产量，然后在需求曲线上找到能为此产量索要的最高价格。

我们总结一下完全竞争市场中的竞争企业与完全垄断市场中的垄断企业的异同：

• 共同点：(1)追求利润最大化；(2)当边际成本等于边际收益时，产量水平达到最大值，即实现了利润最大化时的产量。

• 不同点：价格与边际收益（以及边际成本）之间的关系：竞争企业的边际收益等于价格，而垄断企业的边际收益小于价格。即

$$\text{对于竞争企业：} P = MR = MC$$

$$\text{对于垄断企业：} P > MR = MC$$

那么，垄断企业到底能赚取多大的利润呢？我们将通过数学计算公式来弄明白这个问题。

利润（Profit）等于总收入（TR）减去总成本（TC）：

$$\text{利润} = TR - TC$$

我们在分子和分母上都加上数量（Q），那么我们可以把利润的计算公式改写为：

$$\text{利润} = (TR/Q - TC/Q) \times Q$$

其中，TR/Q 等于平均收益（AR），根据上面的分析我们知道平均收益等于价格（$AR = P$）；TC/Q 等于平均成本（AC）。因此，我们把公式改写为

$$\text{利润} = (P - AC) \times Q$$

也就是说，利润等于价格与平均成本之间的差额乘以数量。这个利润等式对竞争企业也同样成立。在图形中（图 9－2），垄断企业的利润更形象的表现为：利润等于深色矩形的面积。

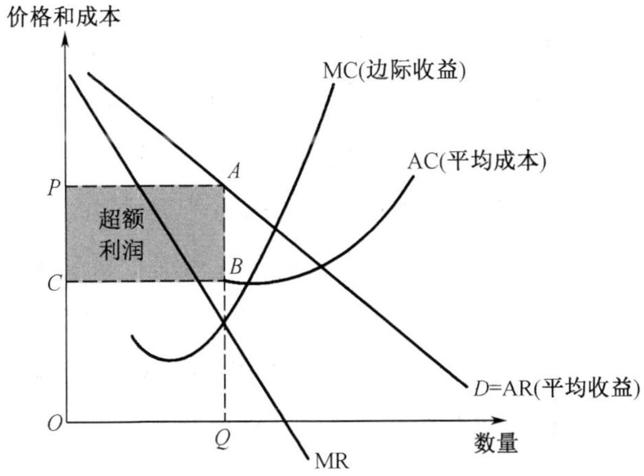

图 9－2 垄断企业的利润

这个矩形的高(PC)是价格减去平均成本(P－AC),它是每单位销量的利润。这个矩形的长(CB)是销售数量(Q)。这与我们上面推算的公式完全吻合。因此,这个矩形的面积就是垄断企业的总利润。

目前为止,我们分析图形时用的都是垄断企业的市场需求曲线和成本曲线,从而对完全垄断市场的价格和产量进行深入的分析。根据我们之前章节所学的需求供给理论及分析方法,我们在进行市场分析的时候往往对需求和供给两条曲线都进行研究。为什么在分析完全垄断市场的价格和产量时不分析供给曲线呢? 那是因为垄断企业没有供给曲线。根据供给曲线的定义,我们知道供给曲线表示企业在任何给定价格时所选择的产品供给量。这个概念对于竞争企业来说是合理的,因为它们是价格接受者。但是,垄断企业是价格的制定者,垄断企业在选择供给量的同时也确定了商品的价格。所以对于垄断企业来说,没有根据给定价格来选择供给量的说法,也就不存在供给曲线了。

9.4 垄断的福利损失

在福利经济学中,经济学家用总剩余来衡量市场中所有买者和卖者的经济福利。总剩余等于消费者剩余与生产者剩余之和。消费者剩余即是消费者们对某商品的支付意愿减去他们实际的支付额(即商品价格)。生产者剩余等于生产者得到的销售收入(商品价格)减去生产这些产品的成本。所以,总剩余等于支付意愿减去产品成本。

在完全垄断市场中唯一的生产者完全凭借自己的市场势力来控制市场，赚取高额利润。与竞争企业不同，垄断企业索要的价格往往高于边际成本。垄断企业的“暴利”是以牺牲公众利益为代价的，所以人们有时禁不住谴责这种行为。从消费者的角度看，这种较高的价格远远高于支付意愿，大家当然不喜欢垄断市场。从生产者的角度看，垄断企业通过较高的价格来赚取利润，垄断当然是好事情。我们要判断社会整体的福利情况，就必须将垄断企业得到的收益（+）与消费者承担的损失（-）进行比较。所以，我们很容易得出结论：

- 若垄断企业所获取的收益大于消费者承担的损失，那么整个社会的福利是增加的；
- 若垄断企业所获取的收益小于消费者承担的损失，那么整个社会的福利是减少的。

我们知道完全竞争市场的供需均衡不仅是自然的结果，也是合意的结果。市场自我调节指引着资源配置达到总剩余最大。由于完全垄断市场导致的资源配置状态和竞争市场的不同，完全垄断市场的结果未能使总经济福利达到最大。

我们同样用边际的概念来理解这个问题。如果实际产量低于社会有效率的产量，那么额外增加一单位产品对于消费者的价值大于提供该产品所需要的成本，所以增产会提高总剩余。如果产量高于这个社会有效率的产量，那么额外增加一单位产品的成本大于此单位产品对于消费者的价值，因此减产会提高总剩余。

现实情况往往更为复杂，因为并不是说垄断企业提升价格，消费者会立即选择不进行购买。更多的情况是，尽管垄断价格很高，但垄断价格并未阻止某些消费者购买商品，生产者剩余的增加量恰好等于消费者剩余的减少量，那么总剩余是没有发生变化的。只有当垄断价格远高于边际成本的价格，对于有些潜在的消费者来说，尽管他们对物品的评价高于物品成本但却小于垄断价格，所以他们是不会去购买这些商品的。换句话说，若消费者对评价介于商品成本和垄断价格之间的话，垄断企业索取的商品价格会让他们望而却步。由于这些消费者对产品的评价大于这些产品的生产成本，这个结果是无效率的。因此，垄断企业的生产和销售量低于社会有效率的产量水平。

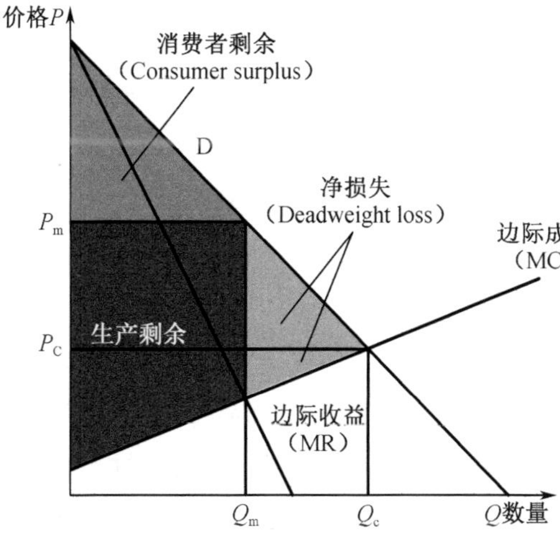

图 9－3　消费者剩余、生产者剩余及净损失

现在我们用图 9－3 来分析这个问题。需求曲线反映了消费者对商品的评价,是用消费者支付意愿来衡量的。边际成本曲线反映了垄断企业的成本。需求曲线与边际成本曲线的相交处即反映了社会有效率的产量。在这个最优产量水平上,边际收益等于边际成本,也就是说,额外一单位产品对于消费者的价值恰好等于边际生产成本。由需求曲线和边际成本曲线之间的三角形面积部分代表的是净损失(deadweight loss)(即无谓损失)。

所谓净损失是指由于垄断、关税、税收或其他扭曲所引起的实际收入的损失,或者消费者剩余和生产者剩余的损失。这里的净损失衡量的是当垄断企业抬高商品价格时,由于消费者满足方面的损失会超过垄断企业收益方面的收获,造成的差额就是垄断所引起的社会净损失,也就是说净损失衡量的是垄断导致经济馅饼减小了多少。由垄断企业抬高价格造成了无效率,也就是说垄断企业使用它的市场势力导致社会经济福利减少。垄断造成的净损失逻辑道理类似于政府税收造成的净损失。由于垄断企业运用市场势力,索取高于边际成本的价格,使得实际销量小于社会最优销量。垄断企业像一个私人收税者一样,得到了垄断利润。换句话说,垄断企业把原本应该分给消费者的那部分利益给抢了过来,生产者获利更多,从社会公平性的角度去分析,垄断的确对社会不利。

除此之外,我们还需要考虑一种例外情形。例如,某些垄断企业为了维持它的垄断地位，如游说法律制定者授予其垄断权或获取某种核心生产资源的所有权，这些垄断企业就会使用部分企业利润去支付这些额外的成本，这些额外成本加大了垄断造成的社会损失。

9.5 价格歧视

9.5.1 价格歧视的定义

价格歧视(price discrimination)实质上是一种价格差异。在西方经济学中，价格歧视通常是指商品或服务的提供者(卖方)在向不同的接受者(买方)提供相同等级、相同质量的商品或服务时，在买方之间实行不同的销售价格或收费标准。也就是说，即使为不同消费者群体生产产品的成本相同，垄断企业也会对不同的购买者索取不同的价格。实际上，尽管卖方没有正当理由就同一种商品或者服务对条件相同的买主实行不同的售价，但现实生活中，这样的情况比比皆是。

价格歧视是一种重要的垄断定价行为。因为在完全竞争市场中的竞争企业是绝对不可能进行价格歧视的。作为价格的接受者，众多竞争企业以市场价格销售相同的产品。所有的购买者都对同质产品(即产品在功能和用途上完全相同)支付相同的价格。如果所有消费者都掌握了充分的信息，那么每一单位的产品之间的价格差别就不存在了。没有任何一家企业会愿意选择向消费者索要更低的价格，因为无论这家企业选择如何定价，最终他也只能以市场价格去销售产品(价格是既定的)，所以企业肯定不会愿意做这样的亏本买卖。相反，如果某家竞争企业试图向消费者索要更高的价格，因为完全竞争市场的商品是同质的，所以消费者肯定会转而购买其他企业的产品。所以，我们可以断定一个企业如果想进行价格歧视，它必须具有一定的市场势力。在完全垄断市场，价格歧视是垄断企业通过差别价格来获取超额利润的一种定价策略。它不仅有利于垄断企业获取更多垄断利润，而且使条件相同的消费者处于不公平的地位，妨碍了他们之间的正当竞争。价格歧视限制竞争，扰乱了市场秩序。

9.5.2 实行价格歧视的条件

通过分析，我们知道实行价格歧视的企业必定具备一定的市场势力。那么具体而言，为了实行价格歧视、获取超额利润，市场需具备哪些条件呢？

(1)市场存在不完善性，这意味着竞争性均衡的基本性质不能得到满足。当市场不存在竞争或信息不畅通或者由于种种原因被分割时，垄断企业就可以利用这一点实行价格歧视。

(2)各个市场对同种商品的需求弹性不同。这时垄断企业可以对需求弹性小的市场实行高价格，以获得垄断利润。

(3)有效地把不同市场之间或市场的各部分之间分开，如封锁地区或限制自由贸易等。

综上所述，当市场不具备以下任一条件之一时：①同质产品；②众多的买者与卖者；③买者和卖者可以自由进入市场；④所有买者和卖者都掌握当前物价的完全信息，并能预测未来物价；⑤消费者追求效用最大化，生产者追求利润最大化；⑥商品可自由转让。此时垄断企业可以利用这些条件实行价格歧视、谋取利益。

在完全垄断或寡头市场(将在后续章节详细介绍)中，价格歧视是很常见的。各国政府纷纷出台相关法律法规来规制价格歧视。例如，美国反托拉斯法一直将对市场竞争造成损害的价格歧视作为典型的不正当行为。在美国，根据《克莱顿法》[①]和《鲁宾逊帕特曼法》[②]规定："从事商业的人在其商业过程中，直接或间接地对同一等级和质量商品的买者实行价格歧视，如果价格歧视的结果实质上减少竞争或旨在形成对商业的垄断，或对竞争造成其他损害，则是非法的。"我国《反垄断法》与《反不正当竞争法》都有相关规定，企业不正当的对不同的顾客实行价格差异行为，属价格歧视。我国《价格法》第十四条第五项规定，经营者提供相同商品或者服务，不得对具有同等条件的其他经营者实行价格歧视。这里所称的"价格歧视"，是指商品或服务的提供者提供相同等级、相同质量的商品或服务时，使同等交易条件的接受者在价格上处于不平等地位。经营者没有正当理由，就同一种商品或者服务，对条件相同的若干买主实行不同的交易待遇，例如对具有同等条件的甲、乙企业，对甲可以实行批量作价，对乙则不允许享受批量作价；或对甲可以讨价还价，对乙则不允许；或因甲是本地

---

① 《克莱顿法》于1914年5月6日生效，是对《谢尔曼法》的补充，主要起到一种预防垄断的作用。

② 《鲁宾逊帕特曼法》是美国国会1936年通过的一项反垄断法，旨在扩大《克莱顿反托斯法》中有关"价格歧视"条款的适用范围，并对要消除的价格歧视的种类予以明确规定。

企业，乙是外地企业就实行不同价格待遇等，从而构成价格歧视行为。价格歧视使条件相同的若干买主处于不公平的地位，妨碍了它们之间的正当竞争，具有限制竞争的危害。因而，世界各国的反垄断法规基本上都对它做出了限制。我国《反垄断法》《反不正当竞争法》以及《价格法》的目的都在于制止不正当竞争行为，保护经营者和消费者的合法权益，鼓励和保护公平竞争，保障社会主义市场经济健康发展。

9.5.3 价格歧视的三个等级

价格歧视作为一种垄断价格，它既是垄断者获取最大垄断利润的一种手段，又会导致不公平竞争，理所当然地应该加以限制。但是，限制价格歧视并非要取消一切价格歧视。有些差别价格对社会经济是有积极意义的，特别是在自然垄断性的公用事业中实行差别价格，反而可以促进市场更充分地利用其设备资源。为此，我们需要把价格歧视进行分类。用相关法律法规规制对社会有害无益的价格歧视行为，鼓励那些通过差别价格优化资源配置的做法。

根据价格差别的程度，经济学家们把价格歧视区分为三个等级：

(1)一级价格歧视，又称完全价格歧视(perfect price discrimination)，是指企业可以按照任何一个消费者能接受的最高价格进行产品出售，从而赚取最大利润。简单来说，就是垄断企业按不同的价格出售不同单位的产量，每一单位产品都有不同的价格，也就是我们通常说的看人下菜，一人一个价。例如，你想买一个面包，你的支付意愿是 5 元(也就是说你愿意花 5 元钱买这个面包)，如果面包的价位是 3 元，那么你购买这个面包时，你除了买到了面包以外，还获得来 2 元的消费者剩余。如果厂家知道你心里的需求价格，也将面包的价格定为 5 元，那么你购买面包时，你的 2 元消费者剩余就被厂家给拿走了。当然，市场上还有其他的消费者，每个消费者的需求价格都不一样，但是因为厂商知道所有消费者的支付意愿，它会根据不同的支付意愿来定价，所以厂商把所有人的消费者剩余全部抢走了，这种做法就是一级价格歧视。

一级价格歧视的前提是假定垄断者知道每一个消费者对任何数量的产品所要支付的最大货币量，并以此决定销售价格。对每一位消费者而言，厂商的定价正好等于对自己对产品的需求价格，因而厂商在销售产品时获得了每个消费者的全部消费剩余。这是一种非常极端而且不现实的情况。因为信息是不通的,企业通常不可能知道每一个顾客的保留价格,所以在实践中不可能实行完全的一级价格歧视。

(2)二级价格歧视,也称作非线性定价(nonlinear pricing),是指垄断厂商按不同的价格出售不同单位的产量,但是购买相同数量的每个人都支付相同的价格。一个垄断的卖方还可以根据买方购买量的不同,收取不同的价格。因为垄断厂商了解消费者的需求曲线,并把需求分为不同的区间,根据不同的购买数量确定不同的价格,但是购买相同数量产品的每个人都支付相同的价格。说简单些就是将消费者根据购买商品数量的不同进行分组,各组之间的价格是有差异的,但是厂商对每个组里的消费者所收取的价格是一样的。这类似于我们上学时根据考试成绩进行分班,分班后各班之间的学习进度和难度是不一样的,但是在每个班里的同学接受的进度和难度是一致的。

在一级价格歧视中,垄断者将所有消费者剩余都据为已有,但是在二级价格歧视中,垄断者只获得了一部分消费者剩余而不是全部买主的消费者剩余。公用事业中的差别价格就是典型的二级价格歧视。例如,我们知道现在北京市采用阶梯式电价,就是把用户均用电量设置为若干个阶梯分段或分档次定价计算费用。第一阶段为基数电量,价格较低;第二阶段电量较高,电价也有所提升;第三阶段电量更多,价格也最贵。随着用户消费电量的增加,电价逐渐递增。这样阶梯式递增的电价可以提高用电销量,提高能源的效率,杜绝浪费。因此,二级价格歧视是数量歧视,购买数量超过一定水平后则需支付更高的价格。此类价格歧视不是在不同的人群之间,而是在不同的消费数量之间存在价格歧视。

(3)三级价格歧视是指垄断厂商对不同市场的不同消费者实行不同的价格,在实行高价格的市场上获得超额利润。即对于同一商品,完全垄断厂商根据不同市场上的需求价格弹性,实施不同的价格。在三级价格歧视中,制造商对每个群体内部的消费者收取相同的价格,但不同群体的价格是不一样的。也就是说三级价格歧视是对不同市场采取的价格歧视。在每一个群体内部统一定价,存在正的社会福利净损失,与完全竞争相比降低了社会总福利。同样是电价问题,在二级价格歧视种,电厂根据消费者的使用量来进行阶梯式电价收费模式;而在三级价格歧视中,电厂是根据弹性的不同来定价,如对于弹性较大的工业用电实行低价格,而对弹性较小的家庭用电采用高价格。厂商通过向家庭索要高电价来赚取利润。生活中也常常能见到三级价格歧视的例子,比如我们去买电影票时,会发现有学生票、成人票、儿童票等。所以,三级价格歧视的重点在于对不同类型的消费者索要不同的价格。

9.5.4 价格歧视的重要结论

• 结论一:价格歧视是追求利润最大化的垄断企业的理性策略。也就是说,垄断企业通过对不同消费者群体索要不同的价格从而增加利润。

• 结论二:价格歧视的本质是要求垄断企业按照消费者的支付意愿将他们分开。区分的方法和标准有很多,如按消费者所处的地理位置或年龄或收入水平等。但是,有些特殊情况能阻止企业实施价格歧视,如套利。套利(arbitrage)是一种市场势力,指消费者在某个市场以较低价格购买商品,然后在另外一个市场上以较高的价格进行销售,以套取价格差异的利润,黄牛就是套利的经典例子。

• 结论三:有时,价格歧视能提高经济福利。这是一个非常令人惊讶的结论,因为我们作为消费者不喜欢价格歧视,尤其是当自己被索要更高的价格时就更不喜欢企业实施价格歧视了。

为什么价格歧视对经济福利能产生积极的影响呢?为此,我们将两种情况进行对比。

• 情况一:垄断企业不实行价格歧视,只是对消费者索要不同价格。

我们假设边际成本等于平均成本且等于一个常量。在索要同一价格但不实行价格歧视时,企业索要高于平均成本的同一价格。对商品的评价高于边际成本但低于同一价格的消费者来说,他们是不会选择购买商品的,这样就导致了净损失的出现,对于整体经济福利而言是减少的。

• 情况二:垄断企业实施价格歧视,对消费者索要同一价格。

我们假设垄断企业能进行完全的价格歧视,也就是我们之前分析的一级价格歧视的情况。垄断企业准确知道每个消费者的支付意愿,并且能够向每个消费者索要不同的价格。在这种情形下,企业向每个消费者索要的价格恰好等于他的支付意愿,企业得到了全部的消费者剩余。这种情形下,市场总剩余等于生产者剩余(利润)加上消费者剩余。由于消费者剩余等于零,总剩余等于企业的利润。完全价格歧视增加了企业利润、提高了总剩余,但降低了消费者剩余。

当该企业实施完全价格歧视时，每个对商品评价不低于边际成本的消费者都会选择购买商品，因为该企业向他们索要的价格恰好等于他们各自的支付意愿。所有互利的交易都已发生，因此，没有净损失。尽管消费者剩余减少了，但是市场的总剩余全部被该企业攫取，变为了利润。当然，由于完全价格歧视假设条件过于苛刻，在现实中，企业不可能掌握所有消费者的需求价格，消费者也不会向企业展示自己的支付意愿。现实中的价格歧视往往是二级价格歧视和三级价格歧视，企业将消费者分成不同的组别或根据不同的消费群体索要不同的价格，它们的福利结果具有不确定性。

9.6　针对垄断的公共政策

通过前面几个小节的分析，我们知道完全垄断市场不能像完全竞争市场一样有效率地配置资源。垄断企业通过控制产量减少市场上产品的总供给量，从而向消费者索要高于边际成本的高昂价格，谋取暴利。看不见的手无法自行调节优化资源配置，这时政府的政策制定者面对完全垄断市场时就面临一个选择：管还是不管？

● 选择一：放任自由（不管）

自由放任的经济理论被认为是纯粹的、经济上的自由意志主义的市场观点，主张让自由市场自行其道，省去任何由政府运作所造成的效率不彰。凯恩斯理论出现以前的经济学主流学派相信经济规律，他们认为在大多数情形下，政府最好不要去试图解决垄断的无效率问题。例如，经济学家乔治·斯蒂格勒①（George Stigler）曾指出："在资源数量既定的情形下，竞争企业经济能生产出最大可能的收入。现实中的经济都不能完全满足这个定理的条件，所有现实经济和理想经济之间都有差距，这个差距称为市场失灵。然而，我认为美国经济的市场失灵程度远小于现实政治体制中经济政策不完善造成的政治失灵。"很明显，他认为政治失灵的问题更为严重。所以，对于垄断的行为，政府最好的做法就是放任不管。

● 选择二：政府进行干预（管）

---

① 美国著名经济学家，与费里德曼一起并称为芝加哥经济学派的领袖人物。

如果政府选择解决垄断问题，那么它就会考虑如何对垄断进行干预。一般而言，对付垄断的方法主要有三个途径：

(1)加强垄断行业的竞争性

著名的反托拉斯(反垄断)法让政府采用各种方法来促进竞争。反垄断法是国家权力干预经济的法律形式之一，最早起源于美国的反托拉斯立法。法学界公认反垄断法的诞生以美国1890年颁布的《谢尔曼法》①。反垄断法解决有无竞争的问题，其目的是消除限制竞争的现象，不管是经营者实施的限制竞争的行为，还是使竞争无法展开的市场结构，目的都是促进竞争自由。我国颁布的《反垄断法》第1条规定体现了我国反垄断法的宗旨，即为了预防和制止垄断行为，保护市场公平竞争，提高经济运行效率，维护消费者利益和社会公共利益，促进社会主义市场经济健康发展。

(2)管制垄断企业的行为(这种方法一般针对的是自然垄断企业)

政府不允许自然垄断企业(如自来水和电力公司等)随意要价。但是，政府该如何规定自然垄断企业的定价水平是非常困难的。由于自然垄断企业的平均成本曲线是下降的，边际成本小于平均成本。因此，如果管制者规定垄断企业索要的价格等于边际成本，那么价格将小于平均成本，企业将亏损。对于企业来说，与其只能索要如此低的价格，还不如干脆退出市场。如果垄断企业选择退出市场，对于政府来说是件更头疼的事情，为了避免这个想象，政府往往会选择自掏腰包给予垄断企业补贴或者干脆允许垄断企业索要高于边际成本的价格。

(3)将私人垄断企业公有制化(public ownership)。

政府与其管制由私人经营的垄断企业，不如政府自己经营。在公有制的情形下，如果政府官僚不能降低成本，遭受损失的是消费者和纳税人，这种情形下，官僚可能变成特殊利益群体。为了自身利益，官僚会求助于政治制度，他们会试图阻止降低成本的做法，从而引发一系列问题。

总而言之，无论政府选择管与不管？如何管？每个政策方法都有自己的优势和缺陷。在解决经济问题时，政府的政策制定者政府应该从经济、政治、社会等多角度权衡利弊进行选择。

---

① 谢尔曼法是1890年，美国国会制定的第一部反托拉斯法，也是美国历史上第一个授权联邦政府控制、干预经济的法案。

KEY CONCEPTS 回顾

(1) Monopoly: a firm that is the sole seller of a product without close substitutes. Monopolies are thus characterized by a lack of economic competition to produce the good or service, a lack of viable substitute goods, and the possibility of a high monopoly price well above the seller's marginal cost that leads to a high monopoly profit. In economics, a monopoly is a single seller. In law, a monopoly is a business entity that has significant market power, that is, the power to charge overly high prices. Although monopolies may be big businesses, size is not a characteristic of a monopoly. A small business may still have the power to raise prices in a small industry or market.

(2) Natural monopoly: a monopoly that arises because a single firm can supply a good or service to an entire market at a smaller cost than could two or more firms. It is a monopoly in an industry in which high infrastructural costs and other barriers to entry relative to the size of the market give the largest supplier in an industry, often the first supplier in a market, an overwhelming advantage over potential competitors. This frequently occurs in industries where capital costs predominate, creating economies of scale that are large in relation to the size of the market.

(3) Price discrimination: the business practice of selling the same good at different prices to different customers.

(4) Market power: the ability of a single economic actor (or small group of actors) to have a substantial influence on market prices.

(5) Perfect price discrimination: is a microeconomic pricing strategy where identical or largely similar goods or services are transacted at different prices by the same provider in different markets. Price discrimination is distinguished from product differentiation by the more substantial difference in production cost for the differently priced products involved in the latter strategy.

(6) Arbitrage: Arbitrage is the simultaneous purchase and sale of an asset to profit from an imbalance in the price. It is a trade that profits by exploiting the price

differences of identical or similar financial instruments on different markets or in different forms. Arbitrage exists as a result of market inefficiencies and would therefore not exist if all markets were perfectly efficient.

(7) Public ownership: also called state ownership, it is the ownership of an industry, asset, or enterprise by the state or a public body representing a community as opposed to an individual or private party.

(8) Nonlinear pricing is a broad term that covers any kind of price structure in which there is a nonlinear relationship between price and the quantity of goods. An example is affine pricing. A nonlinear price schedule is a menu of different-sized bundles at different prices, from which the consumer makes his selection. In such schedules, the larger bundle generally sells for a higher total price but a lower per-unit price than a smaller bundle.

习题及答案

1. Suppose ABC Aluminum Inc. owns 80% of the world's bauxite, a mineral used in the production of aluminum. Which of the following reasons describes the fundamental barrier to entry for the aluminum industry?

(A) monopoly resources

(B) government regulation

(C) the production process

(D) key technology

答案:A

2. The fundamental source of monopoly power is (　　).

(A) barrier to entry

(B) natural monopoly

(C) profit

(D) average total costs

答案:A

3. For a firm, the simplest way to form monopoly is to (　　).

(A) decrease its price

(B) decrease its production

(C) own a key resource

(D) use the force to control the market

答案:C

4. Which of the following is the correct example of a barrier to entry?

(A) Harry charges a higher price than his competitors for housing painting

(B) Harry obtain a copyright for a new computer game

(C) Harry charge a lower price than his competitors for housing painting

(D) Harry offer a free sample of a new computer game

答案:B

5. Exclusive ownership of a key resource (　　).

(A) is the most common cause of a monopoly

(B) is a potential but rare cause of a monopoly

(C) explains the monopoly ownership of the US Postal Service

(D) explains why a single firm distributes water to a community

答案:B

6. Which of the following is NOT a difference between monopolies and perfectly competitive markets?

(A) Monopolies can earn profits in the long run while perfectly competitive firms break even

(B) Monopolies charge a price higher than marginal cost while perfectly competitive firms charge a price equal to marginal cost

(C) Monopolies choose to produce the quantity at which marginal revenue equals marginal cost while perfectly competitive firms do not

(D) Monopolies face downward sloping demand curves while perfectly competitive firms face horizontal demand curves

答案:C

7. When a monopolist reduces the quantity of output it produces and sells, (　　).

(A) the price of its output increases

(B) the price of its output remains constant

(C) the price of its output decreases

(D) the profits for the firm always decrease

答案:A

8. Which of the following is a characteristic of a natural monopoly?

(A) Marginal cost decreases over large regions of output

(B) Average cost decreases over large regions of output

(C) The product is a natural resource

(D) One firm can supply output at a higher cost than two firms

答案:B

9. One difference between a competitive firm and monopolistic firm is that a monopoly firm produces when (　　).

(A) P > MC

(B) P = MC

(C) MC > P

(D) AC > P

答案:A

10. The supply curve for the monopolist is (　　).

(A) Horizontal

(B) Vertical

(C) Upward

(D) Does not exist

答案:D

Application Ⅰ:

Suppose a monopolist faces the following situation (see the table below). Its marginal cost is constant at \$8 per unit. Analyze question 11 - 16.

Quantity	Price
0	20
1	18
2	16
3	14
4	12
5	10
6	8

11. The monopolist's total revenue from selling 4 units of output is (   ).

(A) \$4

(B) \$16

(C) \$32

(D) \$48

答案:D

12. The monopolist's marginal revenue from selling the second unit of output is (   ).

(A) \$8

(B) \$14

(C) \$16

(D) \$24

答案:B

13. The monopolist's marginal revenue is (   ).

(A) always more than the price of its good

(B) always equal to the price of its good

(C) always less than the price of its good

(D) sometimes more and sometimes less than the price of its good

答案:C

14. When the price effect on revenue is greater than the output effect, marginal revenue is (   ).

(A) positive. This occurs with the 3rd unit of output.

(B) positive. This occurs with the 4th unit of output.

(C) negative. This occurs with the 5th unit of output.

(D) negative. This occurs with the 6th unit of output.

答案:D

15. The monopolist's profit-maximizing level of output is (　　).

(A)3 units.

(B)4 units.

(C)5 units.

(D)6 units.

答案:A

16. Suppose the firm depicted in the table is selling a prescription drug for which it had a patent, but the patent has expired. As new firms enter the market and sell the generic version of this drug competitively, what quantity will be sold?

(A)3 units

(B)4 units

(C)5 units

(D)6 units

答案:D

Application II (Case Study)

Scenario: Suppose executives at an art museum know that 100 adults are willing to pay \$12 for admission to the museum on a weekday. Suppose the executives also know that 200 students are willing to pay \$8 for admission on a weekday. The cost of operating the museum on a weekday is \$2, 000.

17. Refer to Scenario above, how much profit will the museum earn if it charges all customers \$8 for admission?

(A) \$200

(B) \$400

(C) \$800

(D) \$2 400

答案:B

18. Refer to Scenario above, how much profit will the museum earn if it charges all customers $12 for admission?

(A) $-800

(B) $-100

(C) $800

(D) $1 200

答案:A

19. Refer to Scenario above, how much profit will the museum earn if it engages in price discrimination?

(A) $800

(B) $1 200

(C) $1 400

(D) $1 600

答案:A

20. Refer to Scenario above, how much additional profit will the museum earn if it engages in price discrimination compared to charging each customer $8 for admission?

(A) $0

(B) $200

(C) $400

(D) $800

答案:C

第 10 章　垄断竞争市场

10.1　基本概念

单从字面意思上看，垄断竞争市场（monopolistic competition）像是完全竞争市场和完全垄断市场的合体，也就是说垄断竞争市场既有竞争性又有垄断性。我们知道完全竞争市场上有很多竞争性企业，企业所提供的产品几乎都是相同的，企业都是市场价格的接受者，市场价格总是等于边际生产成本。完全垄断市场上只有一家垄断企业，由于企业具有较强的市场势力，所以企业是市场价格的制定者。垄断企业可以利用自己的市场势力将价格设定在边际成本之上，企业获取较大的经济利润，社会福利存在净损失。完全竞争和完全垄断是市场结构的两种极端形式。

实际上大多数市场都同时包含了竞争和垄断两种特点，我们无法仅采用这两种市场的任意一种情形来进行描述。于是，经济学家们将介于完全竞争市场和垄断市场两者之间的市场结构称为非完全竞争市场（imperfect competition），包括垄断竞争和寡头垄断市场（下一章节）两种类型。垄断竞争的特点更靠近完全竞争市场，而寡头垄断市场更靠近垄断市场。

垄断竞争市场理论由美国经济学家爱德华·哈斯丁·张伯伦和英国经济学家J·V·罗宾逊[①]所提出，他们将垄断竞争市场定位在完全竞争和完全垄断这两个极端之间的某个位置，是一种介乎于完全竞争市场和垄断市场之间的经济结构。市场的竞争程度并不纯粹，但没有激烈到像完全竞争市场一样迫使企业成为价格接受者；企业也有一定程度的市场势力，但是绝没有达到可以像垄断企业那样控制市场的程度。在现实生活中，垄断竞争企业在零售业、手工业

① 1933 年，美国经济学家张伯伦在《垄断竞争理论》中提出的关于资本主义市场结构和价格形成的理论。同年，英国经济学家罗宾逊出版《不完全竞争经济学》。两位经济学家的观点共同构成了“垄断竞争论”，成为现代微观经济学的重要组成部分。

中普遍存在。例如我们身边电商，虽然有像淘宝和京东等这样的大电商，但仍然有很多小电商，就算大电商进行联手也只是较大程度上对商品价格产生一定影响，它们也无法控制整个市场的价格，这个市场是竞争和垄断两种因素的混合。

我们同样从四个方面来分析垄断竞争市场的特点：

1. 企业数量

通过前面章节的学习我们知道，如果企业数量是1，那么这个市场就是完全垄断市场。如果只有少数几家企业，该市场就是寡头垄断（关于寡头垄断市场的相关特征及均衡条件，我们将在下一章节进行详细阐释）。如果企业数量很多，那么该市场就有可能要么是完全竞争市场，要么是垄断竞争市场。所以，垄断竞争市场的企业数量是很多的。

2. 产品是否具有同质性

这是区分完全竞争市场和垄断竞争市场的重要标准。如果很多企业生产和销售的是相同的产品（商品具有同质性），那么该市场就是完全竞争的。如果企业生产和销售的产品略有不同，那么该市场就是垄断竞争的。尽管在现实中，我们很难做到像理论概念那样界限分明，有时你可能难以确定用什么市场结构来描述某个市场。不过，我们可以观察到同行业不同厂商所提供的产品之间的细微差别。例如，质量差别、功能差别或是商标、包装、广告的差别，甚至是售后服务的区别等等。由于产品之间的细微差别，导致产品并不是完全互相替代的，所以企业之间具有一定的竞争性。

3. 市场准入难易程度

市场准入难易度即衡量企业是否可以不受限制地自由进入或退出市场。垄断竞争企业可以自由选择进入或退出市场，这与完全竞争市场非常类似。因为垄断竞争市场上的企业数量众多，企业的规模都不算很大，进入该行业的资本也不需要太多，因此进入或退出市场相对来说比较容易。垄断竞争市场上的企业数量会上下浮动直至调整到经济利润为零时为止。

4. 企业对商品价格的控制程度

我们知道企业数量越多，单个企业对市场的影响力就越弱，对商品的价格控制力就越弱。垄断竞争市场的企业数量较多，但是由于商品的差异性，使得企业既面对着竞争又具有某种程度的市场势力。所以,尽管单个企业对价格的控制程度较低,但还没有达到完全竞争企业无力控制产品价格的程度。

综上所述,在垄断竞争市场结构中,很多企业出售类似但不完全相同的产品,市场准入壁垒较低,每个企业对于自己的产品具有一定垄断权,但是同行业生产类似产品的企业需要与众多竞争者争夺相同的消费者群体。

10.2 垄断竞争市场的短期均衡

既然垄断竞争市场是一种介于完全竞争市场和垄断市场之间的市场结构,所以在实现短期均衡的过程中,垄断竞争市场上的每个企业在很多方面都像这两种市场中的企业一样,会出现超额利润、收支相抵和亏损三种情况。所不同的是,因为企业之间所提供的产品有所不同,所以垄断竞争企业面对着向右下方倾斜的需求曲线,且斜率较小。这与完全竞争企业完全不同,作为价格的接受者,竞争企业面对的是一条水平的需求曲线,且高度等于市场价格。垄断竞争企业同样遵循着追求利润最大化原则,所以在考虑生产成本因素之后,垄断竞争企业会选择边际收入等于边际成本之处的产量,然后根据需求曲线找到销售此产量的价格。垄断竞争企业的这种逻辑思路与完全竞争企业、垄断企业都是一样的。

垄断竞争市场的短期均衡条件是

$$MR = MC$$

这与垄断企业选择产量和定价的方式是一样的。也就是说在短期,垄断竞争市场和垄断市场是类似的。在短期内,垄断竞争市场上的企业在现有的生产规模下,通过调整产量和价格来实现边际收益等于短期边际成本的条件。每个企业在调整价格时,都是先假定只有自己调整价格而其他企业并不会改变价格。若边际收益高于边际成本,那么企业利润为正数;如果边际收益低于边际成本,那么企业的利润为负数。

10.3 垄断竞争市场的长期均衡

从长期来看,企业可以任意变动一切生产投入要素,所以情形会大不相同。因为在垄断竞争市场下,企业数量众多,企业规模都不大,而且进入或者退出市场成本很低,又比较自由,所以在长期,垄断竞争市场的企业数量会不断变化。

如果某行业中企业普通盈利,就会出现进入市场的激励,吸引新的企业加入。随着新企业的加入,市场上的企业数量增加,必然增加商品供给量,也就是说增加了可供消费者选择的产品数量,因此减少了市场中已有企业面对的需求。打个比方,最初在某小区内有5个卖汉堡的商贩、50个消费者,每个商贩都做得不错,大家都有盈利,只不过有的商贩赚得多些,有的商贩赚得少些;利润吸引了新的汉堡商贩来到这个小区,小区内的汉堡商贩数量由5个变成了10个,生产者变多了,生产的产品数量变多了,可是消费者还是这50个人,在收入和偏好不变的情况下,这群消费者的购买力并没有改变。那么,很明显,就算这些商贩们都有利润,相比从前的情况而言,每个商贩的利润也变薄了,甚至还可能出现部分商贩亏损的现象,这就是我们常说的僧多粥少的现象。利润鼓励新企业进入,迫使市场中已有企业的需求曲线向左移动。所以,随着已有企业的产量下降,这些企业的利润也开始下降。

如果企业普遍亏损时,肯定不会吸引新企业加入,部分现有企业可能会选择退出市场。随着原有企业退出,市场上的企业数量减少,所以,商品数量也减少了,也就是说可供消费者选择的产品数量变少了,结果反而增加了市场中已有企业所面对的市场需求。就像上面所提到的汉堡商贩的例子,如果企业数量增加,每个企业可能都会出现吃不饱的现象,最终整个行业普遍出现亏损,那么自然而然会让那些一直亏损的企业退出市场,那些处于收支相抵或略有盈余的企业就会留下来,或者那些尽管亏损但是资金雄厚的企业也有可能留在市场上。优胜劣汰的结果就是弱者退出,强者生存。亏损导致原有企业退出,随着企业数量的减少,这些留守在市场上的企业就会迎来新的春天。尽管消费者数量和需求都没有改变,但是粥多僧少,所以这些留守企业所面对的需求扩大了。亏损的激励使市场中剩余企业的需求曲线向右移动。

无论该行业是普遍盈利还是亏损,市场不会一成不变,它的动态变化很像我们小时候玩的跷跷板。如果某行业出现了超额利润(或亏损),就会通过新企业的进入(或原有企业)的退出,最终使超额利润(或亏损)消失,直至市场中企业的经济利润恰好为零,达到长期均衡。一旦市场达到了长期均衡(图 10－1),价格等于平均成本,企业的利润为零。这是就像跷跷板达到平衡静止不动一样,既没有吸引新企业进入的激励,也没有迫使原有企业退出的激励,该行业的企业数量不再发生变化。

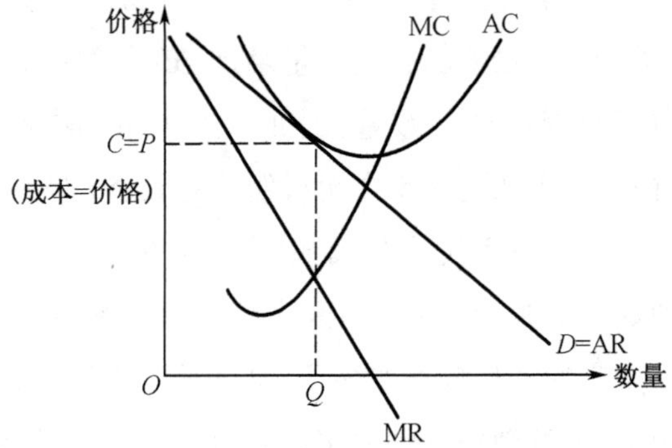

图 10－1 垄断竞争市场的长期均衡

MC:边际成本;AC:平均成本;AR:平均收益;MR:边际收益;D—需求

垄断竞争市场的长期均衡条件:

$$MR = MC;\ P = AR = AC$$

$$AC > MC;\ P > MR = MC$$

垄断竞争市场的长期均衡有两个特征:

(1)价格大于边际成本,这与完全垄断市场的情形是一致的。因为利润最大化要求边际收入等于边际成本,又因为向下倾斜的需求曲线使得边际收入小于价格。

(2)价格等于平均成本,这与完全竞争市场的情形是一致的。因为自由进入和退出迫使经济利润为零。

在长期均衡中,我们必须要掌握两个概念:产能过剩和价格加成。

1. 放弃产能过剩(excess capacity)

产能是指生产产品的能力,产能过剩是指生产产品的能力已超出了社会需要的能力,说简单些就是生产的产品太多了,社会并不需要这么多,根本消化不了。产能过剩与产业结构以及经济发展都有着重要的关联,此处我们仅从理论上分析在长期中垄断竞争企业不选择有效规模水平的原因。在完全竞争市场中，自由进出市场迫使企业们在平均成本最低点进行生产，所以，竞争企业在有效率规模处生产；而在垄断竞争市场中，垄断竞争企业的产量则低于这个水平，其产量位于平均成本曲线向下倾斜的那部分。也就是说，垄断竞争企业明明有能力增加产量、降低平均生产成本，但企业却不愿意这么做。因为企业只有通过降价才能把额外的产量销售出去。任何企业都不愿意降价销售，所以垄断竞争企业往往会选择放弃这个过剩的生产能力。

2. 价格加成（在边际成本上的加价）

通过垄断竞争市场的长期均衡条件我们可以看出，垄断竞争市场与完全竞争市场的重要区别在于价格和边际成本之间的关系。

（1）完全竞争企业：价格等于边际成本（$P = \mathrm{MC}$）

（2）垄断竞争企业：价格大于边际成本（$P > \mathrm{MC}$），因为垄断竞争企业具有一定的市场势力。

所谓价格加成是指将某种商品的价格增加到产品的平均或边际成本之上。对于垄断企业而言，既然垄断竞争企业能在边际成本上加价，何乐而不为呢？而且从长期来看，既不盈利也不亏损的（零利润）条件只能保证价格高于平均成本，所以垄断竞争企业只能选择在边际成本上加价。也就是说，在长期均衡时，垄断竞争企业在平均成本曲线下降的那部分生产，此处价格等于平均成本但却高于边际成本。

10.4　垄断竞争与社会福利

现在，我们从社会整体福利的角度来评价垄断竞争市场。在不考虑外部性的情况下，完全竞争市场能够实现资源有效配置的结果，垄断市场则造成净损失。垄断竞争市场比这两种极端情形更复杂，那么垄断竞争市场的结果是合意的吗？

在上一小节中，我们分析过在长期，垄断竞争企业会选择放弃产能过剩的能力，也会出现在边际成本上加价，所以垄断竞争市场存在着与垄断市场类似的净损失。前一章节我们了解到政府会对垄断市场进行干预，想办法减少或者消除净损失。那么，面对垄断竞争市场的净损失，政府会采取什么行动呢？同样是管与不管的选择。

如果政府为了消除净损失，对市场进行干预，强制要求垄断企业实施边际成本价格，对所有企业进行管制，结果会如何呢？由于垄断竞争企业数量庞大，这样的管制耗资巨大。不仅如此，这种管制行为还会引起像政府管制自然垄断时所出现的各种问题。原因在于：当价格等于平均成本时，垄断竞争企业已经是零利润了，如若还要求它们将价格降低至边际成本，那么这将导致这些企业出现亏损。企业肯定不乐意这么做，那么企业在无可奈何之下极有可能选择退出该行业。如果政府为了能让这些企业继续经营，就需要补偿它们的损失。这与政府对自然垄断企业给予补贴的做法是类似的，但是垄断竞争市场与自然垄断市场不同，政府并不会花如此大的代价去与支付这些补贴。一是因为企业数量众多，二是因为这么做并不值当。所以，政策制定者往往会无视垄断竞争市场的净损失，也就是忍受垄断定价的无效率。

另一方面，在垄断竞争市场上，企业可以自由进入或者退出该行业，所以市场上的企业数量随时都在变动，很有可能企业的数量并不是最优选择。此处，我们需要考虑与进入相关的外部性问题。

在短期内，如果垄断竞争市场中原有的企业都处于盈利状态，那么自然会吸引新企业加入该行业。我们利用消费者剩余和生产者剩余来分析新进入的企业对市场上消费者和生产者的影响。

• 对消费者而言：新企业的加入，导致市场上商品数量增加。由于厂商之间提供的产品略有差异，所以新企业的进入拓宽了消费者的选择范围，消费者能从新产品上获得消费者剩余。因此，新企业进入市场对消费者产生了正的外部性，经济学家把这种外部性称之为产品多样性外部性。

• 对生产者而言：新企业的加入，增加了市场中企业数量，加大了企业之间的竞争。某些市场原有的企业会因此失去部分顾客，从而利润下滑。因此，新企业的进入对市场中原有企业产生了负的外部性，经济学家把这种外部性称之为业务被抢走外部性。

在完全竞争市场中，由于竞争企业生产的产品都是相同的，而且产品价格等于边际成本，所以这些外部性都不存在，完全竞争市场的结果是合意的。然而，对于垄断竞争市场而言，新企业进入会产生正负两种外部性。所以，垄断竞争市场是否合意具体取决于哪种外部性更大。如果新企业所生产的产品与原有企业的产品差异较大，产品多样性外部性（正）就会更大；如果新进入市场的企业数量较多，那么业务被抢走外部性（负）就会越大。企业的产品价格大于边际成本，由此，所有企业总想在最短时间内卖掉额外数量的产品。所以，相比之下，垄断竞争市场不具有完全竞争市场的所有合意的福利特征，通过市场自我调节是不能保证总剩余最大的。尽管如此，由于这种无效率难以衡量、难以解决，所以政府一般都不会过多干预垄断竞争市场。

10.5　广告与品牌

这是一个特殊的章节，只有在研究垄断竞争市场时我们才会对广告和品牌进行分析。我们之前分析过，垄断竞争市场是现实生活中最为常见的市场结构。由于企业数量及产品差异的特点，垄断竞争企业不得不使出浑身解数增加产品的销售量，提升市场占有量，从而实现利润最大化目标，所以，广告和品牌策略成了垄断竞争企业的两大法宝。

广告（advertisement）即广而告之，即是向消费者传播产品或服务信息。在现实生活中，铺天盖地的广告无处不在，无论是旧的传播媒介（如报纸、广播），还是新的社交媒体（如网络、微信），广告无孔不入。

品牌（brand）是指厂商加在产品上的标志，由品牌名称和品牌标志两个部分组成，其主要作用是建立产品的关联性，为潜在消费者提供认知价值，更为重要的是将自己的产品与同行业中其他厂商的产品区分开来，即形成产品差异化。

在管理学相关理论知识中，广告和品牌在市场营销中的具有重要意义，是市场营销组合（marketing mix）当中一种重要手段。在市场营销组合①（product，price，place and promotion）当中，广告和品牌作为核心的促销手段被大量运用于产品推广和营销实践中。

经济学家们从经济学的角度来分析广告和品牌的作用，分别从广告费用的选择、广告对品牌的建立、对企业的长期影响及福利变化等方面进行了深入剖析，但是经济学家们对于广告和品牌的作用褒贬不一。

---

①　所谓市场营销组合，就是指企业根据目标市场的需要全面考虑企业的任务、目标、资源以及内外部环境，对企业可控的基本营销措施组成一个整体性活动，是企业对付竞争者强有力的手段。

首先,我们从经济学视角来分析广告和品牌出现的原因。在垄断竞争市场结构中,产品差异越大,生产该商品的企业的垄断程度就越高,企业就越容易脱颖而出赚取利润,反之亦然。所谓产品差别即是同一类产品的差别,由于各种差别产品之间存在替代性,产品之间的需求交叉弹性较高,所以企业之间存在竞争。故而,广告和品牌就成了企业在垄断竞争市场中实施差异化策略的必要选择。广告是为了更好地宣传品牌,可以使产品差别被更多消费者所知晓,从而提高市场的占有率,使产品的需求曲线向外移动。

其次,我们来看经济学家们对于广告和品牌作用的评价。

• 支持者:广告为消费者提供了更为全面的信息,使得消费者对于厂商和产品有了更为全面的了解,这些信息都更有利于帮助消费者做出最优选择。此外,由于信息完全,企业更加透明,每个企业的市场势力变小,更有利于整体市场发展。品牌为消费者树立了产品质量的信息,而且对于企业来说,维护品牌形象也是一种激励。

• 批判者:广告夸大了产品之间的真实差异,其目的是为了影响人们的偏好,使需求缺乏弹性。过分强化产品差异化和培养品牌忠诚度对经济会产生负面影响,垄断竞争理论的先驱经济学家爱德华·张伯伦就反对用商标来区分商品。

KEY CONCETS 回顾

(1) Monopolistic competition: it is a kind of market structure in which many firms sell products that are similar but not identical. In monopolistic competition, a firm takes the prices charged by its rivals as given and ignores the impact of its own prices on the prices of other firms. In the presence of coercive government, monopolistic competition will fall into government-granted monopoly. Unlike perfect competition, the firm maintains spare capacity. Models of monopolistic competition are often used to model industries.

(2) Imperfect competition: in economic theory, imperfect competition is a type of market structure showing some but not all features of competitive markets.

(3) Excess capacity: it occurs when the actual production of a firm is less than

the amount that is achievable or optimal. This can indicate that the demand for the product is below the amount that the business could potentially supply to the market. A company can use excess capacity to offer customers a special order price and generate more sales toward the end of the month.

(4) Advertising is a marketing communication that employs an openly sponsored, non-personal message to promote or sell a product, service or idea. Sponsors of advertising are typically businesses wishing to promote their products or services. Advertising is communicated through various mass media, including traditional media such as newspapers, magazines, television, radio or outdoor advertising and new media such as blogs, social media or websites.

(5) A brand is a name, term, design, symbol, or other feature that distinguishes an organization or product from its rivals in the eyes of the customer. Name brands are sometimes distinguished from generic or store brands. Branding is a set of marketing and communication methods that help to distinguish a company or products from competitors, aiming to create a lasting impression in the minds of customers.

(6) The marketing mix: it also known as the 4 Ps which is a foundation model in marketing. The marketing mix has been defined as the "set of marketing tools that the firm uses to pursue its marketing objectives in the target". Thus the marketing mix refers to four broad levels of marketing decision, namely: product, price, promotion, and place.

习题及答案

1. The breakfast cereal industry, with its concentration ratio of 78%, would best be described as a (n) (　　).

(A) perfectly competitive market

(B) monopolistically competitive market

(C) oligopoly

(D) monopoly

答案:C

2. Which of the following is a characteristic of monopolistic competition?

(A) Free entry

(B) Ownership of a key resource

(C) Patents

(D) Identical products

答案:A

3. The monopolistic competitive market has the similar characteristic to ( ).

(A) Monopoly

(B) Natural monopoly

(C) Both monopoly and prefect competition

(D) Prefect competition

答案:C

4. Which of the following is most likely sold in a monopolistically competitive market?

(A) sports drinks

(B) cable tv programming

(C) a share of McDonald's stock

(D) sunglasses

答案:D

5. Which of the following pairs shows the two extreme examples of market structure?

(A) Competition and oligopoly

(B) Competition and monopolistic competition

(C) Monopolistic competition and monopoly

(D) Monopoly and competition

答案:D

Use four graphs below to answer questions 6 to 8.

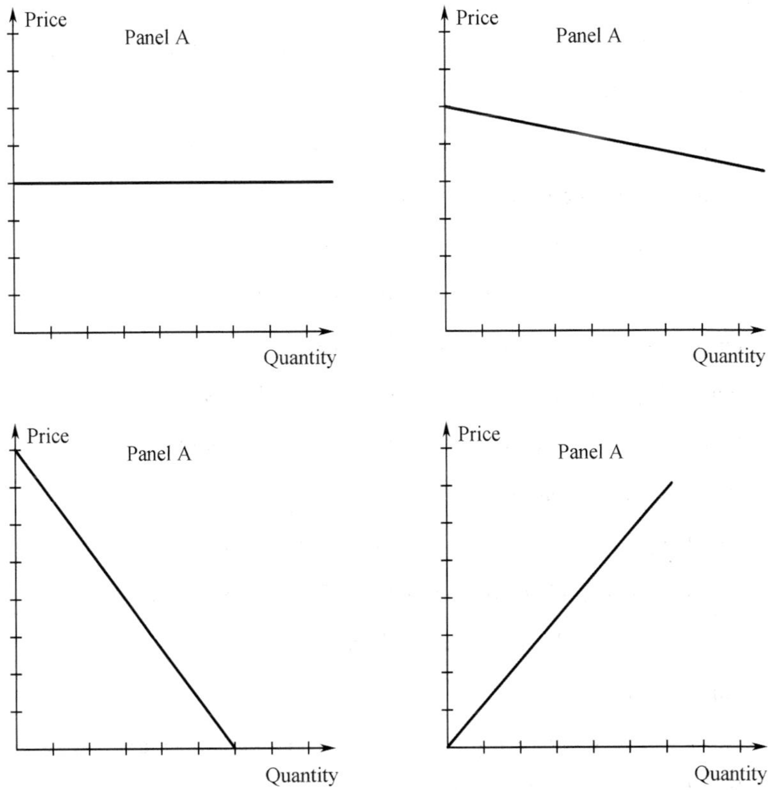

6. Which of the graphs illustrates the demand curve most likely faced by a firm in a monopolistically competitive market?

(A) Panel A

(B) Panel B

(C) Panel C

(D) Panel D

答案:B

7. Which of the graphs illustrates a relatively elastic, though not perfectly elastic, demand curve consistent with a market that has many substitute products?

(A) Panel A

(B) Panel B

(C) Panel C

(D) Panel D

答案:B

8. Which of the following sets of explanations best describes the differences between the graphs above?

(A) Panel A: monopolistically competitive firm's demand curve

Panel B: monopoly firm's demand curve

Panel C: oligopoly firm's demand curve

Panel D: perfectly competitive firm's demand curve

(B) Panel A: oligopoly firm's demand curve

Panel B: perfectly competitive firm's demand curve

Panel C: monopolistically competitive firm's demand curve

Panel D: supply curve

(C) Panel A: perfectly competitive firm's demand curve

Panel B: monopolistically competitive firm's demand curve

Panel C: monopoly firm's demand curve

Panel D: supply curve

(D) Panel A: monopolistically competitive firm's demand curve

Panel B: monopoly firm's demand curve

Panel C: perfectly competitive firm's demand curve

Panel D: supply curve

答案:C

9. A downward sloping demand curve (　　).

(A) Is a feature of all monopolistically competitive firms

(B) Causes marginal revenue exceed price

(C) Means that the firm will always make profit

(D) Means that firms will face the new entry of other firms

答案:A

10. Which of the following condition is a characteristic of monopolistically competitive firm in the short-run?

(A) P = AR

(B) MR = MC

(C) P > MC

(D) All of the above

答案:D

11. Which of the following is an example of a monopolistic competition?

(A) Computer games

(B) Computer operating system

(C) Electricity

(D) Cable television

答案:A

12. Which of the following are well used to describe monopolistic competition?

①free entry

②product differentiation

③many producers

(A)①

(B)②

(C)① and ③

(D)①,② and ③

答案:D

13. For a monopolistically competitive firm, at the profit-maximum quantity of output ( ).

(A) MR > MC

(B) MC > AR

(C) P > MC

(D) MR > AR

答案:C

Application 1:

Use the graph below to analyze question 14 to 16.

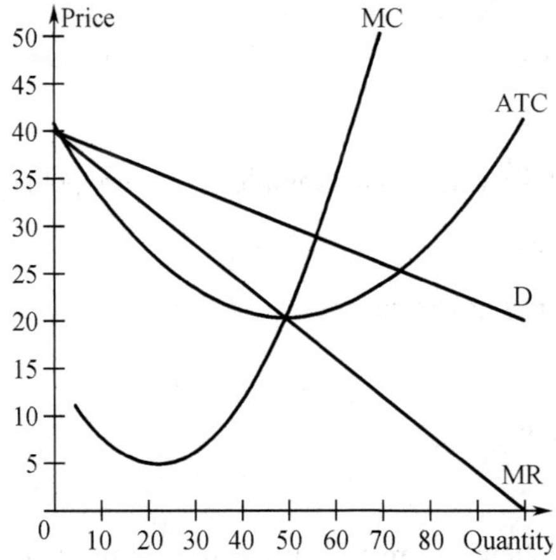

14. The profit for this firm is

(A) $375

(B) $500

(C) $1 000

(D) $1 250

答案:B

15. How much consumer surplus will be derived from the purchase of this product at the monopolistically competitive price?

(A) $250

(B) $500

(C) $562

(D) $1 250

答案:A

16. The graph depicts a monopolistically competitive firm in the short run. Which of the following explanations best describes the long run adjustment?

(A) More firms will enter this market and each firm will have a smaller share of the total market demand, shifting this firm's demand curve to the left.

(B) More firms will enter this market and each firm will have a larger share of the total market demand, shifting this firm's demand to the right.

(C) Firms will exit this market and each firm will have a smaller share of the total market demand, shifting this firm's demand to the left.

(D) Firms will exit this market and each firm will have a larger share of the total market demand, shifting this firm's demand to the right.

答案:A

Application Ⅱ:

Use the graph below to analyze question 17 to 18.

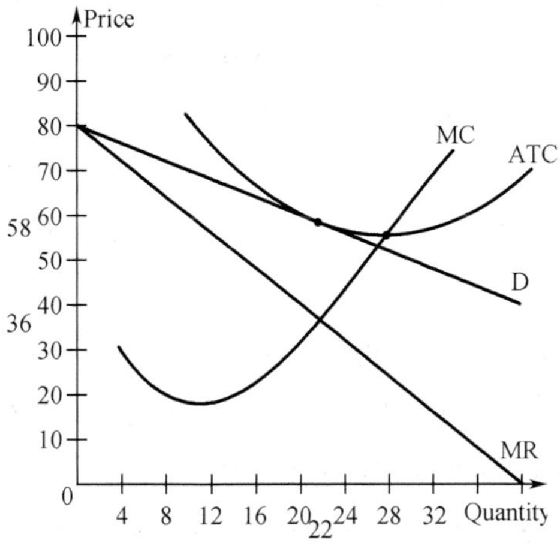

17. What is the efficient scale of production?

(A) This firm cannot produce efficiently

(B) 12 units

(C) 22 units

(D) 28 units

答案:D

18. When the firm reaches its maximum profit, the corresponding production is ( ).

(A) 12

(B) 22

(C) 24

(D) 28

答案:B

Application Ⅲ (Case Study):

Scenario: Ike's Ice Cream has decided to open a new ice cream parlor in Mayville. Since there will be only two firms in this block (Ike and Ops), the market for ice cream parlors is monopolistically competitive.

19. As a result of the new Ike's Ice Cream parlor, consumers living in and visiting Mayville are likely to experience a (　　).

(A) business-stealing externality, which harms producers.

(B) business-stealing externality, which benefits producers.

(C) product-variety externality, which harms consumers.

(D) product-variety externality, which benefits consumers.

答案:D

20. As a result of the new Ike's Ice Cream parlor, existing ice cream shops located in Mayville are likely to experience a (　　).

(A) business-stealing externality, which harms producers.

(B) business-stealing externality, which benefits producers.

(C) product-variety externality, which harms consumers.

(D) product-variety externality, which benefits consumers.

答案:A

第 11 章　寡头垄断市场

11.1　基本概念

寡头垄断(oligopoly)市场,又称为寡占市场,其本质特征是市场上只有几个卖方,他们控制着整个市场上商品的生产和销售。寡头垄断企业相互依赖、相互依存,市场上任何一个卖方的行为都会对其他所有卖方造成较大的影响。也就是说,若某个寡头企业调整商品价格或者产量,那必然会影响整个市场的价格和产量,从而影响其他寡头企业(竞争对手)所赚取的利润。

由于寡头企业之间的高度依存性,任何一个寡头企业在进行决策时,不仅仅会考虑自身的情况,还会将其他寡头企业的决策也考虑在内。换句话说,在寡头垄断市场,寡头企业在决定自己的最佳策略时都必须考虑自己和竞争对手的行为和反应,这也就是为什么在分析寡头市场时我们必须引入博弈理论的原因。在之前章节中所学习的完全竞争市场、完全垄断市场和垄断竞争市场,它们的共同特点就是在这三类市场中企业的行为都是独立的,就是说,每个企业在进行决策时都不需要考虑其他企业的策略和反应,只需要根据自身情况做出决策即可。在完全竞争市场或垄断竞争市场中,由于企业数量众多,单个企业与市场规模相比都很小,对市场的影响力也很小,所以企业之间的策略性互动行为并不重要。在完全垄断市场上,因为只有一家企业,根本不存在企业间的策略性互动的问题,所以我们就更没有必要使用博弈论来分析企业的行为了。由于寡头垄断市场的特殊性,寡头企业就像是在对弈的棋手一样,敌进我退、敌退我进,所以我们在剖析寡头企业的时候肯定需要深入分析单个寡头企业的情况以及寡头企业之间的相互作用。

在经济学中,我们可以根据产品是否具有同质性,把寡头垄断市场分为两类:

- 纯粹寡头(pure oligopoly)即每个寡头厂商生产的产品是同质的。

• 差别寡头(differentiate oligopoly)即每个寡头厂商生产的产品是有差别的。

为了将寡头垄断市场分析清楚,经济学家采用双寡头模型将问题进行简化,同时,假设这些寡头企业所提供的产品都是同质的(即纯粹寡头)。双寡头模型(duopoly),也叫古诺双头模型,是由法国经济学家古诺于 1838 年所提出的。双寡头即是指寡头垄断市场只有两个企业。双寡头模型是一个最基本的经济模型,该模型阐述了相互竞争的两个企业如何相互作用从而产生一个位于竞争均衡和垄断均衡之间的结果。即使市场上出现更多的寡头企业,它们所面临的问题和双寡头模型里的企业所面对的情形是一样的。

由于寡头垄断市场只有两个卖方,对于这两个卖方而言,他们面临的选择只有合作或者不合作两个选项。所以,研究双寡头垄断企业的一个关键特征就是研究企业合作与自利之间对市场的不同影响。

• 选择一:合作

如果两个寡头垄断企业选择合作,他们会就产品的生产量和商品价格等达成一致,这种情况被称为勾结(collusion),这种联合起来的企业被称为卡特尔(cartel)。一旦卡特尔形成,这两个寡头企业会拧成一股绳,像垄断企业那样,为了追求共同的利益(利润最大化),减少他们产品的产量并索要高于边际成本的价格,这样两个生产者都能从市场上获得最大的总利润,也就是说,合作对于两个生产者都是有利的。现实生活中典型的卡特尔是石油输出国组织(OPEC)①。

然而,要实现卡特尔其实并不容易。卡特尔不仅要求卡特尔成员必须就大家的总产量达成一致,还需要对各自的产量额也要达成一致。虽然寡头企业会有通过形成卡特尔赚取垄断利润的念头,但是在现实生活中卡特尔是很难成功的。为什么呢? 原因非常简单。假设某个小区只有两家熟食店提供早餐,现在他们就商品价格和数量达成一致形成了卡特尔。他们不仅商量好了熟食的总供给量,还明确了各自提供的熟食供给量。为了确保熟食能卖到较高的价格,两人商量减少熟食供应,造成供不应求的现象从而抬高价格。如果其中一家熟

---

① OPEC 是亚、非、拉石油生产国为维护共同利益、反对西方石油垄断资本的剥削和控制而建立的国际组织,1960 年 9 月成立,现有 14 个成员国。其宗旨是协调和统一成员国的石油政策,维持国际石油市场的价格稳定,确保石油生产国获得稳定收入。

食店老板决定偷偷地多生产一些熟食,偷偷以高价格多卖一些,他会很容易赚到钱。如果这样的做法被另一家熟食店老板知晓后,他自然会为了多赚钱也增加自己的熟食供应,最终合作不欢而散。很自然,由于每个寡头垄断企业只关心自己的利润,在强大的利己动机的驱动下,卡特尔成员经常会在利润分配问题上争吵不休、不欢而散,而且卡特尔成员违背协议私自增加产量以获取更多利润的做法也比比皆是,所以卡特尔成员很难维持合作。不仅因为合作本身就容易出现问题,还有其他的外部压力也会让卡特尔难以实现,如反托拉斯法把禁止寡头之间的公开协议作为公共政策的重点。

● 选择二:追求私利

如果双寡头企业选择各自为政,也就是说这两个寡头企业是互相竞争的。那么,在发生利益冲突时,企业会选择如何应对呢?每个企业都以利润最大化为目标,若每个寡头企业都追求市场份额、增加产量,那么商品的总产量肯定会上升,按照供给需求理论,总供给量的增加必然会导致商品价格下降。寡头垄断市场的独特之处在于寡头企业知道增产会降低产品的价格,从而影响它们的利润。所以,寡头企业并不会选择一直增产,因为不断增产既不利他、更不利己。由此可见,寡头企业绝不会遵循竞争企业的生产规则。因此,我们可以推断当寡头垄断企业各自选择产量时,寡头垄断市场的总产量会大于垄断市场中的总产量,但会小于完全竞争市场中竞争企业的总产量之和。相应的,寡头垄断市场的商品价格会比垄断市场的商品价格低,比完全竞争市场的商品价格高。相比完全垄断市场而言,寡头市场存在一定的竞争性,所以寡头市场的效率优于完全垄断市场,但绝比不上完全竞争市场的效率。

通过双寡头模型,我们分析了企业选择不同决策对市场所产生的影响。我们知道双寡头假设市场上只有两家寡头企业,那么如果寡头企业的数量增加,情况会有什么变化呢?在寡头垄断市场上,寡头企业的数量对市场会造成何种影响呢?

当寡头垄断企业数量增加时,价格效应的威力会下降。当卖者的数量非常多时,价格效应会完全消失。也就是说,随着企业数量的增加,企业之间的竞争强度更大,企业的市场势力逐渐减弱,即单个企业的产量决策对市场价格的影响力在逐渐减弱。若数量增加到非常多的时候,寡头垄断市场的特点就已经完全不复存在了,这时的寡头企业已变成了竞争企业,单个企业的决策将不再影响市场价格。在这种极端的情形下，每个企业在决定产量时都将市场价格作为给定的变量。此时的寡头市场已被完全竞争市场所取代，只要市场价格大于企业的边际成本，它就会增加产量，反之亦然。

所以，当寡头垄断企业数量变得很多时，它们实际上就变成了竞争性的企业。竞争性企业在进行产量决策时只考虑产量效应，因为竞争性企业是价格接受者，价格效应为零。因此，当寡头垄断市场上卖者的数量逐渐增加时，该市场会越来越像竞争性的市场。市场价格接近于边际成本，产量接近于社会的有效率的产量水平。

11.2 博弈论

博弈论(game theory)，又名为对策论，是研究人们在策略性情形下的行为的一门学问，主要研究发生直接相互作用决策主体所做出的决策以及这种决策的均衡问题，它已成为经济学的标准分析工具之一。所谓“策略性”(strategic)是某人在各种行为过程中进行选择时，必须考虑其他人可能对他的行为所做出的反应。

在现实生活中，尤其在竞技体育比赛中，博弈是一种常见现象。如足球比赛，比赛双方对垒的目的都是要战胜对方。在比赛开始前，双方教练会根据对手的情况排兵布阵，在比赛过程中双方往往会根据比赛状况和对手的行动来决定自己的下一步行动。我们经常在下半场或者伤停补时阶段发现，在某一方主教练更换球员之后另一方球队会立刻进行调整。双方的利益互相影响、互相制约。一般而言，博弈表现为两个或两个以上具有利害冲突的参与者或当事人处于一种互不相容的状态中，一方的行动取决于对方的行动，每个参与者的利益都取决于所有参与人的行动。

在经济学中，博弈论是研究当某一经济主体的决策受到其他经济主体的影响时，该经济主体分析双方的情况后所做出的决策，以及该决策又反过来影响其他经济主体在选择时的决策问题。换句话说，是指相互作用的经济主体假定其他主题所选择的战略为既定时，选择自己的最优战略状态。尽管很多人把博弈论看作是经济学的一个分支，其实严格地说，博弈论并不是经济学的一个分支，而是一种方法论。经济学和博论的研究模式是一样的，都强调人是理性的，即人们会在给定的条件下追求效用最大化或者利润最大化。为了实现自己的利益最大化,在决策时必然会考虑其他人的反应。将博弈论运用到经济学中,经济学家们将效用或利润用数学函数进行表达和推算,进而找到最优决策。

11.3 纳什均衡

纳什均衡(Nash equilibrium),又称为非合作博弈均衡,是博弈论中的一个重要术语,以著名经济学家、诺贝尔奖得主约翰·纳什[①]而命名,他的研究奠定了现代非合作博弈论的基石。

纳什均衡是指在一个博弈过程中,无论对方的策略选择如何,当事人一方都会选择某个确定的策略,则该策略被称作支配性策略。如果两个博弈当事人的策略组合分别构成各自的支配性策略,那么这个组合就被定义为纳什均衡。理论上,四种纳什均衡(纳什均衡、子博弈完美纳什均衡、贝叶斯纳什均衡、完美贝叶斯纳什均衡)都描述了在博弈中所有参与者的战略组合,每个参与者的战略都是针对其他参与者的最优反应,在这种战略组合下没有参与者愿意背弃原先选定的战略。每个博弈者的均衡策略都是为了达到自己期望收益的最大值,与此同时,其他所有博弈者也遵循同样的策略。说通俗些就是几个参与人的决定,在某种策略组合时,任何参与人单独改变策略都不会得到好处,这个策略组合就是纳什均衡。

我们通过几个经典例子来进一步理解纳什均衡。

1. 智猪博弈

著名的智猪博弈是假设猪圈里有两头猪,一头大猪,一头小猪。大猪跑得快吃得多,小猪跑得慢吃得少。但猪圈很长,其中一头有一个踏板,另一头是饲料的出口和食槽。如果猪每踩一下踏板,另一边就会有相当于 10 份的猪食进槽,但是踩踏板以及跑到食槽所需要付出的"劳动"加起来要消耗相当于 2 份的猪食。由于踏板和食槽分别位于笼子的两端,如果有一只猪去踩踏板,另一只猪就有机会抢先吃到食槽里落下的食物,坐享其成。而真正付出劳动(踩踏板)的猪却什么都吃不到,等它好不容易跑到食槽的时候,另一头猪早已把食物吃

① 纳什在非合作博弈的均衡分析理论方面做出了开创性的贡献,揭示了博弈均衡与经济均衡的内在联系,对博弈论和经济学产生了重大影响。

得所剩无几了。下面,我们像经济学家一样思考,用博弈论中的报酬矩阵可以更清晰地刻画出大猪和小猪的选择(等待或踩踏板)及对应的收益。

表 11－1　智猪博弈矩阵

	小猪		
大猪		踩踏板	等待
	踩踏板	5,2	4,4
	等待	7,－1	0,0

从表 11－1 可以看出,

若大猪选择踩踏板的时候,小猪的两种行动对应不同的收益:

- 小猪也选择踩踏板:大猪的收益是 5,小猪的收益是 2。
- 小猪选择等待:大猪的收益是 4,小猪的收益是 4。

若大猪选择等待的时候,小猪的两种行动对应不同的收益:

- 小猪选择踩踏板:大猪的收益是 7,小猪的收益是 －1,
- 小猪也选择等待:大小猪收益都是 0。

我们可以推断出以下结论:

对小猪而言,无论大猪是否踩动踏板,小猪最好的选择就是舒舒服服地等在食槽边,也就是搭便车策略。

对大猪而言,由于小猪有“等待”这个优势策略,大猪只能靠自己,大猪的两个选择:踩踏板和等待。我们知道,如果它选择踩踏板的话,它的收益是 4,也就是可以获得 4 份食物,但如果它选择等待的话,它的收益是 0,什么都吃不了。所以,“等待”就变成了大猪的劣势策略。

在大猪知道小猪是不会选择去踩动踏板时,那么对于它来说,最好的选择就是自己亲自去踩踏板,尽管它所获得的食物并不多,这总比什么都没有强,所以最终这只大猪只好为一点残羹不知疲倦地奔忙于踏板和食槽之间。

2. 价格战

通常,生产同一款产品的若干企业会形成一个稳定的状态。在这个状态下,各个厂家所卖的产品价格保持基本一致。在这种情况下,各方就形成了一个纳什均衡。如果其中一方打破局面,开始大幅降价以求薄利多销,在信息完全的情况下，理性消费者肯定会选择购买这家降价厂商的商品，这家企业赚得钵满盆满。然而，过不了多久，其他厂家必然会很快跟风、相互压价。结果恶性循环，价格越压越低，甚至低于市场成本。尽管刚开始降价的一方在短时间内可能会增加销量增加利润，但是最终大家都会因为价格战而两败俱伤。

3. 囚徒困境

几乎任何一本关于博弈论的书籍里都会提到这个最具代表性的经典例子，囚徒困境是博弈论的非零，它反映了个人的最佳选择，并不是团体的最佳选择。这个耐人寻味的案例讲的是两个犯罪嫌疑人的故事：有两名犯罪嫌疑人一起做坏事，结果他们被警察抓了起来。警察把他们俩分别关在两个独立的不能互通信息的牢房里进行审讯。在这种情形下，两个犯罪嫌疑人都可以做出自己的选择：(1)选择供出他的同伙；(2)选择保持沉默，拒不供认。这两个犯罪嫌疑人都知道，如果他俩都能保持沉默的话，就都会被释放，因为只要他们拒不承认，警方没有确凿证据，就无法给他们定罪。警方希望犯罪嫌疑人能够供认罪行，所以警察将两位犯罪嫌疑人分别关押，截断两人互通信息的渠道，而且警察会分别告诉他们如果其中一个人告发了他的同伙，那么他就可以被无罪释放。而他的同伙则会被按照最重的罪行来判决，并且为了加重惩罚，还要对他施以罚款，作为对告发者的奖赏。但是，两名犯罪嫌疑人并不知道如果他们都选择互相背叛的话，两个人都会受到判决，谁都不会被无罪释放。

表 11-2 囚徒困境收益矩阵

		犯罪嫌疑人 A	
		供认	保持沉默
犯罪嫌疑人 B	供认	A 判刑 5 年 B 判刑 5 年	B 自由 + 获得奖励；A 判刑 20 年
	保持沉默	A 自由 + 获得奖励；B 判刑 20 年	AB 都无罪释放

从表 11-2 可以看出，每名犯罪嫌疑人不得不面对激励而做出选择，他们都有两种可供选择的策略：供认或不供认。那么，这两个犯罪嫌疑人该怎么办呢？是选择通力合作还是互相背叛呢？从表面上看，他们应该互相合作，保持沉默，因为这样他们俩都能得到最好的结果：自由。但每个犯罪嫌疑人选择的最优策略时都不得不考虑同伙的策略选择，即不论其同伙选择什么策略，对于

每个犯罪嫌疑人而言,最优的选择策略都是供认。为什么最优选择是招供呢?我们分别从两门犯罪嫌疑人的角度来看待这个问题。面对激励,犯罪嫌疑人A会意识到他的同伙很有可能选择向警方提供对自己不利的证据,同伙被无罪释放,而自己独自坐牢,这种做法的诱惑力实在太大了,所以犯罪嫌疑人B同样也会这么想。那么,唯一理性的选择就是背叛同伙,把一切都告诉警方,因为如果他的同伙选择保持沉默,那么他就会被无罪释放。如果他的同伙也根据这个逻辑向警方交代了罪行,尽管他们都会被关起来,但是坐牢的时间会比自己一个人被判刑的时候要短得多。所以,其结果就是这两名犯罪嫌疑人按照不顾一切地逻辑都会选择供认罪行。

囚徒困境帮助我们很好地理解了占优策略(dominant strategy),它也是博弈论中的一个专业术语,是指无论对方如何选择,自己都有最佳选择的竞争策略,换句话说,就是不论其他参与者做出何种策略选择,每个参与者的最佳策略都是唯一的,其结果为就是占优策略。在囚徒困境的例子中,选择(供认、供认)是策略组合的占优策略,同时也是纳什均衡,因为每一个参与者的占优策略是对其他参与者任何设定策略的最优选择。

这些纳什均衡的经典例子对我们研究寡头垄断市场有什么帮助吗?其实,寡头垄断企业之间试图达到垄断结果的博弈,与囚徒困境这个博弈非常类似。囚徒困境反映出一个深刻的问题,那就是个人理性与集体理性的冲突。微观经济学中一个重要观点就是通过市场机制这只看不见的手,在人人追求自身利益最大化的基础上实现社会资源的最优配置。囚徒困境对此提出了新的挑战。寡头企业在力图实现最大利益的博弈时,也类似于两个处于两难处境的囚徒的博弈。在囚徒困境的博弈中,犯罪嫌疑人之间不合作对于社会来说是合意的,因为它能让警方将更多的罪犯定罪加以制裁。犯罪嫌疑人的困境对于犯罪嫌疑人来说是困境,但对于其他人来说则是好事。类似地,在寡头垄断企业试图维持垄断利润的情形下,尽管寡头企业难以合作,各自为战,这对双方参与者(寡头企业)是不利的,但是对社会整体来说却是有利的。前面我们已经分析过,若寡头企业选择合作的话就会像垄断企业一样,其结果是对寡头垄断企业们有利,但对消费者不利。若寡头企业选择不合作的话,就会加大市场的竞争程度,其竞争结果对整个社会最为有利。寡头垄断企业的产量之和趋近于完全竞争的产量水平,这个产量对于社会来说是最优的,因为它加大了总剩余。换一种说法，只有当市场存在竞争时，看不见的手才能引导市场有效率地配置资源，而让市场具备竞争性的前提就是市场中的企业无法进行合作。

现在，我们用与囚犯困境同样的逻辑，以 OPEC 为例来分析寡头市场的情况。为了简化分析过程，我们只挑选两个成员国进行比较，如原油出售国沙特阿拉伯和委内瑞拉(此例仅为理论分析，纯属虚构)。作为 OPEC 成员国，两国一致同意降低石油产量，以使世界石油价格维持在较高水平上。那么，这两个国家是决定继续合作并坚持这种协议，还是忽略协议自顾自地加大产量呢？假设委内瑞拉坚持协议控制原油产量，我们从沙特阿拉伯的角度来推理一下：如果沙特阿拉伯也坚持协议规定控制原油产量，那么它会从合作中获得利益。但如果沙特阿拉伯增加产量并在世界市场出售更多的石油，那么它很可能会赚取巨额利润。就算委内瑞拉随后也选择增产的话，在短时期内，沙特阿拉伯仍然可以赚取利润，只不过现在的利润额比之前赚取的利润额要小一些。所以，无论对方的决策如何，违背协议提高产量对沙特阿拉伯来说都是有利的，这个逻辑道理同样适用于委内瑞拉。高产量对两个国家都是占优策略，所以对于两个国家来说最优的选择都是提高产量，但最后的结果就是两国都会获得较低的利润。

囚徒困境表明合作是困难的，那么为什么有时犯罪嫌疑人在面对警方的审问时并不会揭发同伙的罪行呢？有时无论警方给予他们何种激励，他们都会默不作声死不认罪。为什么两名犯罪嫌疑人会选择合作呢？原因很明显，肯定是由于某种条件的改变使得合作对双方更有益。在卡特尔中，尽管成员方有欺骗的动机，但卡特尔有时也能维持合谋的协议。那是因为博弈的参与方通常能够解决犯罪嫌疑人的困境问题，因为他们之间的博弈不是进行一次而是进行很多次。重复进行的博弈称为重复博弈。重复博弈是指同一个博弈被重复多次，对于任何一个参与者的欺骗和违约行为，其他参与者总有机会给予报复。所以，只要每个参与方对未来利益足够关注，他们会选择放弃背叛，因为背叛只能得到一时的收益，采取违约的行为损失更为惨重。因此，如果是在重复进行的犯罪嫌疑人困境博弈中，两个参与方都会选择合作(保持沉默)的结果。

11.4 针对寡头垄断的公共政策

与完全垄断市场一样，政府通过反托拉斯法禁止寡头垄断企业达成协议来降低产量和提高价格。美国的《谢尔曼反托拉斯法》规定:“任何合同,只要以托拉斯或其他形式联合或进行密谋,以限制洲际之间或与外国进行的交易或商业活动,都是非法的。任何人,只要他垄断或试图垄断、或与任何其他人联合或密谋,以垄断洲际之间或与外国进行的交易或商业活动,都被视为轻微犯罪,相应的处罚为不超过 5 万美元的罚款、或不超过一年的监禁或两者并罚,由法院斟酌决定。谢尔曼法案将寡头垄断企业之间的无法实施的合同上升为一种犯罪的密谋。”1914 年的克莱顿法案进一步加强了反托拉斯法。这些法律可以阻止寡头垄断企业联合行动,避免联合行动降低市场的竞争程度,导致某个企业具有过大的市场势力而造成的社会福利的损失。

KEY CONCEPTS 回顾

(1) Oligopoly: a market structure in which only a few sellers offer similar of identical products. Oligopolies can result from various forms of collusion which reduce competition and lead to higher prices for consumers. Oligopolies have their own market structure. With few sellers, each oligopolist is likely to be aware of the actions of the others. According to game theory, the decisions of one firm therefore influence and are influenced by decisions of other firms. Strategic planning by oligopolists needs to take into account the likely responses of the other market. Entry barriers include high investment requirements, strong consumer loyalty for existing brands and economies of scale.

(2) Duopoly: a duopoly is a situation where two companies own all or nearly all of the market for a given product or service. A duopoly is the most basic form of oligopoly, a market dominated by a small number of companies. A duopoly can have the same impact on the market as a monopoly if the two players collude on prices or output.

(3) Cartel: a formal (explicit) agreement among competing firms. It is a formal organization of producers and manufacturers that agree to fix price, marketing, and production. Cartels usually occur in an oligopolistic industry, where there is a small number of sellers and usually involves homogeneous products.

(4) Collusion: it is an agreement among firms in a market about quantities to produce or price to change.

(5) Game theory: the study of how people behave in strategic situations. It is a branch of applied mathematics that attempts to mathematically capture behavior in strategy situations or games, in which an individual's success in making choices depends on the choices of others.

(6) Nash equilibrium: a situation in which economic actors interacting with one another each choose their best strategy given the strategies that all the other actors have chosen. If each player has chosen a strategy and no player can benefit by changing his or her strategy while the other players keep theirs unhanged, then the current set of strategy choices and the corresponding payoffs constitute a Nash Equilibrium.

(7) Prisoner dilemma: is a paradox in decision analysis in which two individuals acting in their own self-interests do not lead to the optimal outcome. The typical prisoner's dilemma is set up in such a way that both parties choose to protect themselves at the expense of the other participant.

习题及答案

1. Because oligopoly markets have only a few sellers, the actions of any one seller (　　).

(A) do not affect other sellers in the market.

(B) can have a large impact on the profits of other sellers in the market.

(C) will affect how other firms behave in the market.

(D) Both (B) and (c) are correct.

答案:D

2. Game theory is necessary to understand which kinds of markets?

(A) monopoly

(B) competitive

(C) oligopoly

(D) All of the above are correct

答案:C

3. In general, game theory is the study of ( ).

(A) How people behave in strategic situations

(B) How people behave in certain business decisions

(C) How people behave when other possible action of other people

(D) All types of markets

答案:A

4. In game theory, a situation in which each person must consider how others might respond to his or her own action is called a ( ).

(A) Tactical situation

(B) Tactics situation

(C) Strategic situation

(D) Quantifiable situation

答案:C

5. If two firms comprise the entire soft drink market, the market would be a (n) ( ).

(A) Nash equilibrium

(B) monopolistically competitive market

(C) oligopolistically competitive market

(D) duopoly

答案:D

6. A special kind of imperfectly competitive market has only two firms is called ( ).

(A) An identical monopoly

(B) A doublet

(C) Cartel

(D) A duopoly

答案:D

7. A distinguishing feature of an oligopolistic industry is the tension between

(　　).

(A) Profit maximization and cost minimization

(B) Higher price and smaller market

(C) Short-run decisions and long-turn decisions

(D) Cooperation and self-interest

答案:D

8. Suppose that George and Laura are duopolists. George is producing 300 units of output, and Laura is producing 400 units of output. When Laura produces 400 units, George maximizes profit by producing 300 units. When George produces 300 units of output, Laura maximizes profit by producing 400 units. George and Laura are (　　).

(A) in a competitive market.

(B) at a Nash equilibrium.

(C) pricing at the minimum of average total cost.

(D) engaging in mark-up pricing.

答案:B

9. There are two types of market in which firms face some competition yet are still able to have some control over the prices. Those are types of market are (　　).

(A) perfec tcompetition and monopolistic competition

(B) monopolistic competition and oligopoly

(C) oligopoly and monopoly

(D) monopolistic competition and imperfect competition

答案:B

Application I (Case Study):

Imagine a small town in which only two residents, Abby and Brad, own wells that produce safe drinking water. Each week Abby and Brad work together to decide how many gallons of water to pump. They bring water to town and sell it at whatever price the market will bear. To keep things simple, suppose that Abby and Brad can pump as much water as they want without cost so that the marginal cost is zero. The weekly town demand schedule and total revenue schedule for water is shown in the table below:

Quantity (in gallons)	Price	Total Revenue (and Total Profit)
0	$12	$0
1	$11	$11
2	$10	$20
3	$9	$27
4	$8	$32
5	$7	$35
6	$6	$36
7	$5	$35
8	$4	$32
9	$3	$27
10	$2	$20
11	$1	$11
12	$0	$0

10. Suppose that Abby and Brad work together in order to operate as a profit-maximizing monopolist. What price will they charge for water?

(A) $8

(B) $7

(C) $6

(D) $4

答案:C

11. Suppose that Abby and Brad work together in order to operate as a profit-maximizing monopolist. How many gallons of water will be produced and sold?

(A)4 gallons

(B)5 gallons

(C)6 gallons

(D)8 gallons

答案:C

12. If this market for water were perfectly competitive instead of monopolistic, what would be the price for water?

(A) $0

(B) $4

(C) $6

(D) $12

答案:A

13. If this market for water were perfectly competitive instead of monopolistic, how many gallons of water would be produced and sold?

(A)12 gallons

(B)8 gallons

(C)6 gallons

(D)0 gallons

答案:A

14. Suppose the town enacts new antitrust laws that prohibit Abby and Brad from operating as a monopoly. What will be the price of water once Abby and Brad reach a Nash equilibrium?

(A) $12

(B) $8

(C) $6

(D) $4

答案:D

15. Suppose the town enacts new antitrust laws that prohibit Abby and Brad from operating as a monopoly. How much profit will Abby and Brad each earn once they reach a Nash equilibrium?

(A) $36

(B) $32

(C) $18

(D) $16

答案:D

16. Once a cartel is formed, the market is in effect served by

(A) An oligopoly

(B) A monopoly

(C) Duopoly

(D) Monopolistic competition

答案:B

Application II (Case Study):

Scenario: Suppose that two firms determine that each could lower its costs and increase its profits if both reduced their advertising budgets. But in order for the plan to work, each firm must agree to refrain from advertising. Each firm believes that advertising works by increasing the demand for the firm's product, but each firm also believes that if neither firm advertises, the cost savings will outweigh the lost sales. The table below lists each firm's individual profits:

Both Firm A and Firm B have faced the same choices: either breaks agreement and advertises, or maintains agreement and does not advertise.

		Firm A	
		Breaks agreement and advertises	Maintains agreement and does not advertise
Firm B	Breaks agreement and advertises	Firm A's profit = $16,000 Firm B's profit = $6,000	Firm A's profit = $14,000 Firm B's profit = $10,000
	Maintains agreement and does not advertise	Firm A's profit = $24,000 Firm B's profit = $5,000	Firm A's profit = $22,000 Firm B's profit = $9,000

17. Does either Firm A or Firm B have a dominant strategy?

(A) Firm A has a dominant strategy, but Firm B does not

(B) Firm A does not have a dominant strategy, but Firm B does

(C) Neither Firm A nor Firm B has a dominant strategy

(D) Both Firm A and Firm B have a dominant strategy

答案:D

18. What is the outcome of this game?

(A) Firm A will advertise but Firm B will not

(B) Firm A will not advertise but Firm B will

(C) Neither Firm A nor Firm B will advertise

(D) Both Firm A and Firm B will advertise

答案:D

19. Which of the following statement(s) correctly characterizes the outcome of this game?

(A) Both Firm A and Firm B have a dominant strategy to advertise

(B) There is a Nash equilibrium when both firms advertise

(C) Although both firms collectively would earn higher profits by maintaining the agreement not to advertise, self-interest will cause each firm to break the agreement

(D) All of the above are correct

答案:D

20. Which of the following statements does not correctly characterize the outcome of this game?

(A) There is a Nash equilibrium

(B) Both firms collectively would earn the highest joint profits by maintaining the agreement not to advertise

(C) Only one firm has a dominant strategy

(D) The game is an example of the Prisoners' Dilemma

答案:C

第 12 章　公共经济学

经济学家把所有经济主体分为两大类:私人部门(企业和家庭)和公共部门,所谓公共部门是指政府及其附属物,公共不是研究政府经济行为的科学。在之前的章节中,我们为了简化经济分析,往往假设市场上只有买方和卖方,忽略了政府及其附属物的作用。然而,政府作为市场活动的参与者,常常以其特有的方式和规律参与和影响国民经济。政府的经济活动不能忽视收益和成本,也不能完全忽略市场规律。此外,政府还要考虑很多其他因素,比如社会的公正和公平问题。

在市场经济的作用下,由于公共品、外部性、信息不对称等原因,常常会引起市场失灵的现象,如何弥补市场失灵与不足正是政府的重要职能之一。也就是说,当看不见的手不起作用的时候,政府需要发挥作用以解决市场失灵所引发的一系列问题。政府的作用主要表现在:提供公共服务、维护市场秩序、影响收入分配、优化资源配置、稳定宏观经济等。

公共经济学作为经济学的一个重要分支学科,它运用现代经济学的原理和方法分析了以政府为主体的公共部门所从事的经济活动,是专门研究政府经济行为、政府与私人部门之间的阶级关系和政府经济活动特殊规律的科学,是一门回答政府需要做什么以及应该怎么做的学科。公共经济学以公共产品理论和公共选择理论为理论支柱,全面系统地阐述了公共收入、公共支出及收入分配三大板块的内容,是在市场经济实践中提炼出来的具有普适性的公共经济学基本理论,具有较强的宏观性和实用性,这些理论主要包括:公共部门的经济职能、公共产品的有效供给、公共产品需求的决定、公共选择、公共支出、税收制度、公共规制、公共经济政策调节、收入分配与社会保障等。本章节我们只选取两个基本内容,让大家对政府的经济作用拥有最为基本的了解。

12.1 公共资源与公共品

根据曼昆《微观经济学原理》,商品可以根据两个特点进行分类:(1)商品是否具有排他性(excludability);(2)商品是否具有消费中的竞争性(rivalry in consumption)(表12-1)。

表12-1 商品根据排他性和竞争性分类

		竞争性	
		具备	不具备
排他性	具备	私人物品 冰淇淋 衣服 拥挤的收费道路	自然垄断 消防 有线电视 不拥挤的收费道路
	不具备	公共资源 海洋中的鱼类 自然环境 拥挤的不收费道路	公共品 国防 知识 不拥挤且不收费的道路

注:表格引用自 principles of microeconomics by N. Gregory Mankiw.

排他性(Excludability)是指,某个消费者在购买并得到一种商品的消费权之后,他就是这个商品的唯一受益人,主权清晰,他可以把其他消费者排斥在获得该商品的利益之外,所以我们可以把排他性理解为独占性或者专有性。比如上面表格中冰淇淋的例子就显而易见,我买了一个草莓冰淇淋,我就获得了消费(吃)这个冰淇淋的权利,别人未经允许是不能一起消费(吃)这个冰淇淋的。所以,排他性是私人物品(private goods)的一个主要特征。

本章节将详细解释的公共品和公共资源的特征。通过上面的矩阵表,我们可以看出无论是公共品还是公共资源,它们都不具有排他性,也就是说个人可以不被排除在消费某种物品和服务的利益之外。公共资源和公共品的区别在于是否具有消费的竞争性。竞争性(rivalry)是指一个人地使用了给定数量的某种商品,就会减少其他人对该商品的使用。

公共资源(common resources)的典型例子有纯净的空气和水、生态与环境等,具有竞争性但并不排他,也就是说,这些资源的所有权由全体社会成员共同享有,但是当某个人使用公共资源时,他会减少其他人对该公共资源的使用能力。就如曼昆经济学里解释的海洋里的鱼"当你在大海里捉鱼时,其他人能捉到的鱼就减少了。但是这些鱼不是排他性的物品,因为大海太大了,很难阻止其他渔民捕鱼。"

我们来看一个例子,经济学里著名的"公地悲剧",讲的是在一个靠卖羊毛为生的传统村庄里,人们每天都在公共牧场放牧。随着村庄的发展,牧羊的数量越来越多。但是,羊的增长速度比草的生长速度要快得多。由于每个牧民只顾着自己的羊吃草,并不会考虑到其他人的羊,更不会顾及到公共牧场的情况。最终,草地一片荒芜,羊群无草可吃,羊统统都饿死了,牧民们生计困难,不得不搬离这片牧场。在这个例子中,草是一种公共资源,即不能排除其他人使用(不排他),但一个人的使用会减少其他人的使用量(有竞争)。由于每个牧民在公共牧场放牧时并不会考虑到自己的放牧行为会对其他牧民造成影响,也不会珀以各自的放牧行为会对整体牧场产生不可逆的影响。这种自顾自的行为最终草被完全啃食干净,村民们自食其果。

所以,在提供公共资源时,政策制定者需要考虑它的使用量问题,采取相应的措施(常见的措施有法规或税收或配额)来管理公共资源。对资源的保护与治理是经济学家最关心的问题之一,为了避免公共资源的使用过度,政府一般会采用两种方式:一种是将公共资源私有化,以市场自身的机制使资源得到保护和有效率的利用。另一种则是加强政府监管和治理力度。

我们再来看一个公共资源的例子。如今全球变暖,随着气候的变化,全世界都面临着环境污染所带来的一系列问题。治理环境并非只是一家企业或一个国家的责任,也不是单凭一己之力就能解决的棘手问题,对环境的保护需要各国集体行动才能得以解决。假设某个国家的一家企业不经过任何技术处理直接排放大量温室气体,如果该国政府限制该企业的排放量,那么企业利润就会减少,企业利益受损。如果没有任何管制,企业并不会考虑温室气体排放对本国环境甚至对全球环境的影响。

那么,既然人们可以随意利用他人的努力而无需对环保做出贡献,那为什么各国政府都在积极倡导环境保护呢?原因是如果污染问题越来越严重,不仅对人类身体健康有害无益,更重要的是,未来整治环境的成本远比现在行动要大得多。所以,各国政府纷纷出台法律法规或者相关政策来减少企业排污,保护环境。其中一种解决办法是设定企业污染配额,也就是说政府规定允许企业排污的范围,若企业排污量超过配额就会遭到处罚(如罚款)。尽管在现实生活中这些配额很难执行,但是这确实是政府经常使用的方法之一。另一种解决办法是征收污染税,促使环境外部成本内生化,这一举措可以轻松地让企业最大限度减少污染排放。2018 年 1 月 1 日我国实行环保税,也称“绿色税法”,实现了由“费”改“税”的转变,按照税负平移的原则,实现排污费制度向环保税制度的平稳转移,在加大税收征管力度的同时,通过多污染多交税的政策设计遏制企业排污力度,使得高污染、高能耗的产业加快转型升级,推动了经济结构调整和发展方式的转变。

公共品(public goods)的全称为公共物品或劳务 (public goods or services)。它既不具备排他性,也不具备竞争性。也就是说,当某人使用公品时,他不能阻止人们使用该公共品,而且他对该公共物品使用并不会减少其他人使用此公共品的能力。

公共品可以细分为:

(1)纯公共品:具有完全的非排他性和非竞争性,如国防、基础研究(一般性的知识)、反贫困都是典型的公共品,通常都是无偿免费提供的。

(2)准公共品:具有有限的非竞争性和局部的排他性,所谓有限即在超过一定的临界点时,非竞争性和非排他性就会消失。比如免费的公园,硕大的公园能容纳很多人,你可以去那跑步或者搭帐篷,你不能排除其他人在公园游玩(不具备排他性),而且你的使用也不会减少他人的使用(不具备竞争性)。但是,若在十一国庆节期间,很多人都会选择节假日去此公园游玩,人数剧增。若游玩人数超过了临界点,那么拥挤就会出现,这时公园这个准公共品的性质就会有所改变,它会变得具有竞争性。

我们再来看一个经济学中公共品的经典例子——大马路上的路灯。路灯既不具备排他性(不能排除其他人使用这种商品),也不具备竞争性(一个人的使用并不会减少其他人的使用)。很少有人愿意自掏腰包去安装大马路上的路灯,那么,为什么大家明明知道路灯有用就是没人愿意去安装呢?因为人们知道一旦安装了路灯,无论谁为此买单,自己都会受益。如果自己掏钱购买和安装路灯的话,并不能排除其他人去享用路灯带给他们的好处。理性人自然会选择等级别人去装灯,等着坐享其成搭便车(free rider),没有人愿意付出,因此路灯是不会被安装的。所谓搭便车是指得到一种物品的利益但避免为此付费的现象。就是因为搭便车的存在,所以公共品是不可能由私营部门通过市场提供的,这时候政府必须发挥作用,行驶政府职能。一般来说,公共品必须由公共部门以非市场方式提供。我们知道政府在干预经济时,必须遵循经济规律,不能忽略收益和成本,所以政府在行驶主要职能时必须进行成本收益分析(cost-benefit analysis),站在社会整体的角度,对项目的总成本和收益进行评估。在全面评估利弊得失之后,投入对社会有益的公共品建设,从而使每个人的状况变好。

12.2 外　部　性

在本书中,我们介绍过经济学的基本假设,其中有两项和外部性问题密切相关,也即经济理性人假说、厂家的唯一目标是利润最大化假说。当这两个假设都成立的前提下,如果没有适当的制约措施,经济活动主体在决策时,就极容易将自己的利益置于其他人和整个社会的利益之上,进而转化为“自私自利”“以邻为壑”的冲动,甚至是为了自己的蝇头小利而不惜造成他人的重大损失。西方俗语中将这种行为,形象的说成是“自私的人烧掉你的房子,只是为了烤熟一只鸡来吃。”

当然,经济学中所说的外部性,并不仅仅是“损人利己”这么简单,它其中还包括了积极的一面,也即我们常说的“送人玫瑰,手亦留香”。

12.2.1 外部性的定义

最早提出这个问题的是英国经济学家亚瑟·塞西尔·庇古①(Arthur Cecil Pigou)。在传统的经济学中,将不同主体之间的交易行为视为资源分配的过程与依据,也即亚当·斯密提出的“看不见的手”的作用。然而,庇古却认为这种观点是不全面的:一些没有参与交易行为的主体,却会受到交易主体行为的影响;

① 英国著名经济学家,剑桥学派的主要代表之一。

如果将这些人统统排除在讨论之外,显然是不公平的。

因此,庇古提出了外部性(externality)这个概念:在某个经济活动中,对活动之外的其他主体所产生的影响,就叫作外部性。此处所述的“其他主体”,既可能是特定的某些个人、某些企业,也可能是不特定的一群人,甚至可能是整个社会,但核心是一致的:这些“其他主体”,并未参与这个经济活动,出于活动的“外部”,所以就称为“外部性”。简单地说就是某人的某个经济活动,会对其他无关的人带来好或坏的影响,而这些人实际上并没有参加此人的经济活动,但也被动承受了这些影响。这一观点提出之后,很快得到了经济学界的认可,尤其是用它来解释诸多经济学现象,会比单纯使用市场调节、供需平衡、价格弹性等理论更加有说服力。

12.2.2　外部性的分类

外部性的影响,既可能是有益的,也可能是有害的,或者说,既可能给其他主体带来收益,也可能给其他主体造成损失。通常,如果这个影响对于其他主体是有益的,能够带来利益,我们就将其称为“正外部性”(positive externality),反之,则称之为“负外部性”(negative externalities)。

具体而言,在市场活动中,正外部性往往体现为收入增加、价格提高、成本降低;而负外部性则体现为收入减少、价格降低和成本升高。其中,最常见的表现形式就是成本升高,也可以说,负外部性的存在,间接地导致相应主体的成本升高,这部分增加值,通常就称之为“外部成本”(external cost),也可以简单地理解为“某个行为之外的主体,为该行为而被动负担的成本”。

需要强调的是,外部性的正、负之分,仅仅取决于对活动以外的主体的影响,并不考虑该行为是否会给内部的行为主体带来影响。也就是说,“损人利己”属于负外部性,而“损人不利己”同样也属于负外部性的范畴。类似的,“舍己救人”是正外部性,而“保己救人”也是正外部性。

此外,我们还可以将外部性分为直接外部性和间接外部性。前者是行为发生后,很快就会对其他主体产生看得见的、有实质影响的作用,因果关系简单明了;后者则需要通过一定时间来积累效应,还可能需要经过不同主体之间的传导,最终才体现为产生实质性的影响,因果关系较为复杂,有时候甚至很难确定因果关系是否存在。

12.3 外部性的基础

事实上,只要承认社会中的任何个体,都拥有自己独立的利益(包括财产权、生命健康权、自主选择权等等),无论这个利益的范围有多大,外部性就可以产生。哪怕是在极端落后、财产公有的原始部落之中,靠着火塘更近一点的位置,获得猎物的皮毛甚至得到一晚安稳的睡眠,都可能成为外部性所作用的客体。

当然,随着交易活动的频繁发生,外部性问题就更容易出现了。特别是在高度发达的市场经济中,外部性问题往往会伴随着每个交易行为的始终,就像阳光与影子一般高度同步。因此,想要消除外部性,特别是消除负外部性,往往会被证明是徒劳而可笑的,正如我们无法在有光的地方抹掉影子一样。也可以说,正是因为承认市场主体有逐利的本能冲动,并承认市场主体都是经济理性人(因而可以找到并选择对自己利益最大的策略),才导致了外部性的出现,特别是负外部性的出现。

12.4 外部性的表现

经济学中,外部性基本上可以用成本升高或降低、价格升高或降低、交易成本升高或降低等几种简化的指标来描述。

12.4.1 正外部性的体现

在正外部性方面,最常见的例子就是技术进步带来的交易成本降低、交易机会的增加。

今天,跨地区旅游正变得越来越容易,旅途时间大幅度缩短,这主要归功于高速铁路网的建设。比如,2018 年西成高铁的开通,就让西安、成都两地的居民,甚至四川省、陕西省的居民去对方的城市旅行变得简单多了,也间接对两地的餐饮、旅游产业获得了更多的收益。高铁建设,投资是代表国家的国资委,承建是各个铁路工程公司,和普通的乘客并无关系,与两地的旅游产业从业者也没有直接关系,但高铁的通车,显著地降低了旅客出行的时间成本,增加了旅游产业的收益，从而体现出了对旅客、对社会的正外部性。

类似的，我们在很多楼盘的广告中，都会看到诸如“地铁站旁”“双地铁站附近”这样的广告语。地铁的投资人往往是当地的城市投资集团，建设者是工程公司，运营者则是各类轨道交通公司，乘车的是乘客。这些主体看起来和房屋买卖的双方（房开商、购房者）都没有直接的经济往来，和购房交易完全无关。但很显然，这类拥有交通便利条件的房子往往更受欢迎、增值也更容易，因而销售价格通常也较高、销售成本更低。这种时候，我们就可以说，该城市修建地铁的行为、给购房者、房开商都带来了正的外部性。

实际上，在马克思主义哲学中，将这种现象称为“级差地租”，也间接地描述了其背后的逻辑，但和现代经济学的立足点稍有不同，它更看重土地自然条件之外的额外改善。

12.4.2　负外部性的体现

负外部性的体现形式通常是其他人的成本增加、收益降低，或者是交易成本升高、交易机会的减少，有时候还会体现为资产的价值降低。

最常见的负外部性就是工业性生产对于环境资源地破坏。工厂烟囱里排放出的废气染黑了天空，排水管里流出的废水弄臭了河流，周围居民的生存质量当然会受到不良影响，比如必须在自家厨房的水槽里加装净水器，或是隔三差五地去医院治疗呼吸道疾病。看似工厂的生产、销售与这些居民无关，但因生产、销售而导致了居民的生活成本增高，却是铁板钉钉的事实，这就是“成本增加”的一个典型例证。

与“修建高铁”的例子相反，倘若某个旅游景点，某几个黑心店家多次高价宰客，事件随即通过媒体曝光。许多潜在的游客会因此对这个旅游景点敬而远之。而在当地的其他良心店家，当然也会而遭受损失（期待中的收益减小甚至消失），尽管他们并未参与宰客行为，却依然蒙受了“交易机会减少”这个负外部性带来的损失。

又比如，在一个二手车交易市场里，卖家 A 恶意篡改了里程表上的数字，将已经跑了 5 万公里的汽车谎称为 2 万公里的汽车进行出售，买主 B 后来才发现自己上当了。当消息传开后，其他买主为了避免也被此类陷阱坑害，遂要求卖家提供第三方的检验报告，确保里程表没有被动过手脚，而检验的成本当然也就被买卖双方共同分担。如此一来，这些买家和卖家，虽然并没有介入 A 和 B 之间的那次交易，却承受了 A 的行为带来的“交易成本增加”的不良后果，也就是承受了 A 带来的负外部性。

甚至有一些看似完全“正常”的行为，似乎也很合乎市场的需要，但同时却带来了负外部性。比如，当数码相机普及之后，民用胶卷行业几乎在短短几年内就彻底消失；而当带有摄像功能的智能手机出现后，相机行业也大大萎缩。这种情况颇有些像是小说《三体》里的那句对话：“我毁灭你，与你无关。”

又比如，某高档小区旁边，修建了一个安居房小区。尽管该安居房小区的卖家（授权的房开商）和买家（符合条件的中低收入群体），都与高档小区的居民不发生直接联系，但却足以影响高档小区的业主对于自身房产的估价。类似的逻辑，在现实中也的确发生过：美国的底特律，因为犯罪率居高不下，特别是街头抢劫之类的暴力犯罪屡屡发生，大量的居民选择离开此地，从而导致当地的房价暴跌，甚至出现了“一千美元买一套别墅”的咄咄怪事，就是负外部性导致资产价值降低的例子。

12.4.3 广义的外部性

如果我们把视线放得更远一些，在较长的时间维度和较宽的范围来理解外部性问题的话，还会发现一些有趣的现象。

比如，为了应对全球气候变化问题，各个工业国家当然都是有一定责任的，也即“共同但有差别的责任”。然而，如果我们以“国家”作为单位来看，一国政府在国内所采取的节能减排的措施，却是让地球上的所有居民共同受益。也就是说，该国的节能减排行为，对其他国家和地区的居民提供了正外部性。

又如我们都知道，以目前人类的科学技术水平来看，化石能源（石油、天然气、煤等）是有限的、难以再生的，而且将会在下个世纪中的某个时间耗尽。因此，我们今天所消耗的每一点、每一滴化石能源，都会给子孙后代带来不利的影响，减少他们可以使用的资源，逼迫他们在能源使用上花费更高的成本。那么，从时间的维度上说，我们就给未来的人类制造了一个负外部性。

12.5 外部性的调节

亚当·斯密提出的“看不见的手”,实际上是许多假设条件才能正常运作的。而在外部性问题上,这只看不见的手往往无能为力,需要有“看得见的手”来加以调节。倘若市场通过有限次的博弈就能消除负外部性的话,则外部性问题就根本不会存在,这就如同一个人不能拽着自己的头发,把自己从地上提起来一样。

1.调节的必要性

对于负外部性,大家很容易想到、我们必须对其加以调节,以减少它对于外部主体的损害,防止它对市场的资源配置作用导致扭曲。然而,对于正外部性,是不是也需要调节呢?

在经济学的几个基础假设中,我们讲到过“经济理性人”的概念。如果一个主体,持续不断的产生正外部性,却又不能因此而增进其利益,那么,如果他符合经济理性人的假设,他应当会很快选择放弃这种做法,除非是有其他的制约条件,让他不能放弃,但也是并不情愿去做的。

在我国经典《论语》中,讲过这样一个小故事:当时鲁国的法律规定,如果有人在其他国家,看到有鲁国人被卖为奴隶的,应当尽量为其赎身、带回鲁国;因此而发生的费用,由鲁国各地的地方官补偿,并给予一定的物质奖励。

而孔子的一个学生子贡(端木赐),有一次在外地赎回了一名鲁国同胞,但却婉言谢绝了官府给予的补贴和奖励,大概意思就是说,“这是我应该做的,并不是为了贪图奖励。”

当地的人纷纷夸赞子贡品格高尚,孔子却叹气说,以后再也不会有人愿意赎回鲁国同胞了!因为你的先例,让其他人陷入两难的境地:报销费用吧,会被人说是品格不高;不报销费用吧,自己损失太大,还不如装没看见呢!

相反,另一个学生子路(仲由),勇救落水儿童,儿童的家长送给他一头牛犊表示感谢,这在当时是相当厚重的谢礼了,而子路大大方方地收下了。孔子因此而表扬他,这么一来,以后鲁国的人,遇到落水者,都会出手相救了!

这个例子,从经济学上解读,就是让正外部性的产生者,也获得一定的收益。哪怕这个收益与正外部性带来的效应并不相同(比如,一个荣誉称号),却比零收益要好得多，足以让一个经济理性人选择继续提供正外部性，从而增加整个社会的效益。

正是基于这个原理，各国普遍都会对见义勇为、志愿服务、乐于助人、扶危济困等善行加以褒奖。类似的，对于那些保护自然环境、保护野生动物、支教扶贫等等产生正外部性的良好行为，也应当予以适当的奖励与表彰，促使这些好事能够持续进行。

而对于负外部性的产生者而言，这种负外部性未必会增加他自己的收益、降低他自己的成本，也即俗话说的“损人不利己”。但是，在大多数情况下，一个经济理性的主体，在没有外部制约的前提下，很容易想到将自己的成本外化，也就是通过负外部性获益。

比如，某塑料厂正常生产时，每天会产生 5 吨的有害废水。如果通过净化设备，将其转化为对环境无害的废水再排放，则需要花费 300 元（包括废水净化设备的固定成本分摊和运行所需的费用）。然而，如果将其直接排放，则可能对环境造成污染，导致生态被破坏；同时，该工厂就不必承担这 300 元的成本。也就是说，该工厂将本来该它承担的污水处理成本，转化为了负外部性，由附近的居民乃至整个社会承担。

同时，由于少了这 300 元的成本，该厂生产的塑料制品，在定价上就可以相应地降低，从而在市场竞争中获得优势。最终的结果，就是该厂从负外部性中获益，并让市场竞争变得无序化，调节资源分配的作用部分丧失。以环境保护为例，我国政府分别出台了环境保护法和环境保护税法，分别从法律手段和经济手段同时纠正负外部性，不仅为了防止危害无辜，也为了纠正它对市场调节作用造成的扭曲。

2. 调节的基本逻辑

对于外部性的调节，一个可行的逻辑就是：让产生正外部性的人获益，让产生负外部性的人承担损失。具体而言，就是将负外部性带来的损害尽可能地量化，再将其纳入制造负外部性的主体的成本中，令其“买单”，使其对负外部性“感同身受”，从而尽力减少这种负外部性；并尽可能地用获得的利益，补偿那些因为负外部性而受损的主体，实现效率和公平的统一。经济学家罗纳德 · 科斯[①](Ronald Coase)提出了一个定理,他认为市场能够解决外部性问题。科斯定理(Coase Theorem)指出在某些条件下,经济的外部性或者说非效率可以通过当事人的谈判而得到纠正,从而达到社会效益最大化。然而实际上,这个定理可能根本就行不通,因为通过谈判来解决问题往往很费事。

首先,对于那些明显违反法律强制性规定的负外部性行为,行政处罚、民事诉讼和公益诉讼等途径就能一定程度上使负外部性制造者注意自己应尽的义务。当然,这种处罚和索赔必须与负外部性的大小相适应,倘若负外部性很大而罚款、裁定的赔偿太少的话,从经济理性人的角度出发,依然没有降低负外部性的动力。

比如,今年 10 月,国家药品监督管理部门对涉嫌销售不合格疫苗的"长春生物"开出了 91 亿的天价罚单,就是要让违法者无利可图,甚至倾家荡产,才能让其他跃跃欲试的人打消这种念头。

其次,对于那些合法产生负外部性的行为,则通过税收加以调整。这一方法,正是由外部性问题的发现者庇古提出,所以也被称之为"庇古税"(Pigovian tax)。税收的本质,就是国家对经济活动中的各方,按一定比例的无偿征收赋税,以此来获取资金、支付公共事务(国防、医疗、教育、公共安全等等)所需的成本。而利用税收这个工具、还可以让外部性的制造者与外部性本身挂上钩来。

比如,吸烟者购买、吸食香烟的行为,除了香烟的制造者、销售者之外,理论上和其他人并无关系。然而,长期吸烟会导致吸烟者自身的健康风险增大(比如罹患肺癌的概率增加),从而给医保带来额外的负担,二手烟也可能给其他人带来健康风险,这些都是负外部性的体现。因此,许多国家都对烟草额外征收一笔税收(烟草税),让吸烟者自己为这个负外部性承担损失。

又如,近年来欧美国家都有人提出对食品中的糖征收"糖税",理由是糖类的过量摄入会带来肥胖等等健康风险,增大了医保的负担。当然,这一动议目前尚未真正得到执行,也许是因为糖在日常生活中也有太多"正当"的用途吧。

相反,对于正外部性行为,也可以通过税收优惠的政策加以补偿。比如,我国对于纯电动汽车,在车辆购置税上有优惠政策,一些地区在上牌照费用、停车位、单双号限行上也有各种不同程度的优惠,实质上都是庇古税原理的运用。

---

① 罗纳德·哈里·科斯:新制度经济学的鼻祖,芝加哥经济学派代表人物之一。

最后,在明晰产权的前提下,允许外部性的产生者与承受者之间协商,达成合理的费用补偿机制。

比如,某地想要新建一所垃圾焚烧发电厂,并已经通过环境评价、安全评价,证明其运行不会损害附近居民的健康。然而,有一座垃圾发电厂作邻居,必然会对潜在的购房者带来负面的影响,从而导致当地居民的房产价值降低,产生了负外部性。因此,几乎各国都面临类似的窘境:所有人都赞同修建垃圾焚烧发电厂(否则无法解决垃圾太多、无法处理的问题),却都反对将焚烧厂建在自己的小区隔壁。

而一个可行的解决方案,就是由垃圾焚烧发电厂的投资方与当地居民协商,补偿这种负外部性。比如,当地居民可以享受电费、水费、物业费的补贴,投资方还承诺对周边的公共道路、公共绿化进行免费维护,从而让当地居民也能够有所收获,尽量抵偿负外部性。这样一来,往往当地居民就会达成谅解,让垃圾焚烧发电厂顺利兴建。

我们再来看一个例子,专利制度本身,就是利用产权来解决外部性问题的经典例证。一些新技术的发明,可以增进社会的生产效率,提高社会成员的效益,当然是正外部性;而允许发明者通过专利制度,在一定期限内获取独家使用该技术,或将该技术有偿授权生产,就能让发明者获得一定的利益,补贴其因为发明而付出的成本,也可以说,奖励了他所产生的正外部性。

当然,在实际生活中,上述几种调整方法往往会混合使用,而且未必能够达到预期的效果。这主要取决于市场主体对外部性的认识,还取决于他们的议价能力和掌握信息的程度等等因素。在一些比较极端的情况下,调节还会完全失效,甚至让负外部性变得更大。

KEY CONCEPTS 回顾

(1) Tragedy of the Commons: a parable that illustrates why common resources get used more than is desirable from the standpoint of society ads a whole.

(2) Rivalry: the property of a good whereby one person's use diminishes other people's use.

(3) Public goods: goods that are neither excludable nor rival.

(4) Private goods: goods that are both excludable and rival.

(5) Common resources: goods that are rival but not excludable.

(6) Natural monopolies: goods that are excludable but not rival.

(7) Excludability: the property of a good whereby a person can be prevented from using it.

(8) Free rider: a person who receives the benefit of a good but avoids paying for it.

(9) Externality: the uncompensated impact of one person's actions on the well being of a bystander.

(10) A positive externality is a benefit that is enjoyed by a third-party as a result of an economic transaction. Third parties include any individual, organisation, property owner, or resource that is indirectly affected. While individuals who benefit from positive externalities without paying are considered to be free riders, it may be in the interests of society to encourage free riders to consume goods, which generate substantial external benefits.

(11) A negative externality is a cost that is suffered by a third party as a result of an economic transaction. In a transaction, the producer and consumer are the first and second parties, and third parties include any individual, organization, property owner, or resource that is indirectly affected. Externalities are also referred to as spill over effects, and a negative externality is also referred to as an external cost.

(12) External cost: is the cost borne by an individual or firm not directly involved in a transaction, collectively called 'third parties'.

(13) Pigovian tax: a tax enacted to correct the effects of a negative externality.

(14) Coase theorem: the proposition that if private parties can bargain without cost over the allocation of resources, they can solve the problem of externalities on their own.

习题及答案

1. If a negative externality emerges, what may happen to marginal social cost?

(A) Marginal social cost is put off onto consumers.

(B) The supply curve does not represent marginal social cost.

(C) MSC = MPB

(D) MSC = MPC

答案:B

2. If a positive externality emerges, what may happen to the demand curve?

(A) MEB is not represented.

(B) MEC is represented.

(C) MSC is represented.

(D) Marginal private benefits are not represented.

答案:A

The following graph represents a government intervention in response to a market that produced a positive externality. Use the information provided in the graph to answer question 3 and 4.

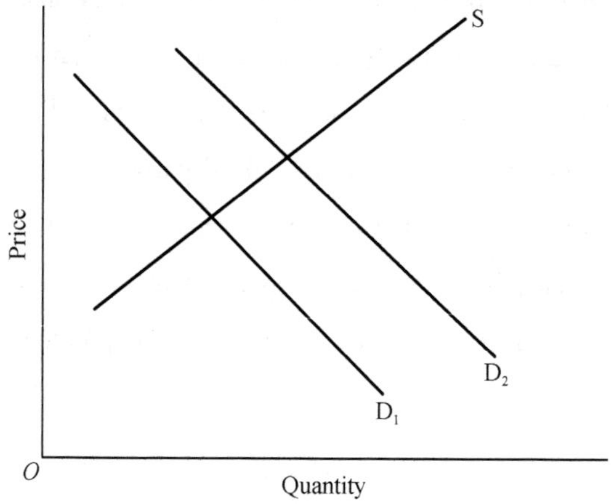

3. How may the government intervene to move the demand curve from D_1 to D_2?

(A) Tax buyers

(B) Decrease the money supply

(C) Give a subsidy to buyers

(D) Increase the money supply

答案:C

4. Since the demand curve is now at D_2, all of the following are true EXCEPT ( ).

(A) resources are being efficiently used

(B) MEB is now represented in the demand curve

(C) output is now at the socially optimum level

(D) MEB is not represented in the demand curve

答案:D

5. A private business will not produce a good like a public radio station, because ( ).

(A) MC is greater than MB

(B) there is zero profit for this good

(C) the government owns a monopoly for this type of service

(D) the free-rider problem

答案:D

6. The fact that a firefighter's job is more dangerous than a college professor's job is an example of ( ).

(A) compensating differential

(B) a negative externality

(C) the free-rider problem

(D) the ability to pay principle

答案:A

7. Of the following, which is a public good?

(A) a limousine

(B) tickets to a baseball game

(C) a subscription to the New York Times

(D) a radio station

答案:D

8. Industrialized nations often produce negative externalities in the form of pollution. What is a possible solution to fix this negative externality?

(A) A tax on consumers

(B) A government subsidy for consumers

(C) A government subsidy for producers

(D) A tax on producers

答案:D

9. The fire department is an example of a(n) (   ).

(A) private good

(B) inferior good

(C) normal good

(D) public good

答案:D

10. A ride in a taxicab is a form of (   ).

(A) a public good

(B) a private good

(C) a government subsidy

(D) a positive externality

答案:B

11. NASA sends a satellite into space and receives a transmission from an alien world. The next day all the newspaper headlines read, "We Are Not Alone in the Universe!" Brian, the economist, reads the article and realizes that the satellite is a form of (   ).

(A) a private good

(B) a government subsidy

(C) a positive externality

(D) a public good

答案:D

12. A good that is excludable to other consumers is known as a (   ).

(A) public good

(B) negative externality

(C) positive externality

(D) private good

答案:D

13. A good that is non-excludable to other consumers is known as a (　　).

(A) public good

(B) private good

(C) common resource

(D) government subsidy

答案:A

14. A negative externality will exist when (　　).

(A) all consumers receive an equal share of economic resources

(B) spillover costs are given to others not directly involved in the consumption or production of a good or service

(C) the production of a good or service creates a spillover benefit

(D) when members of a community pay for a good or service while others do not yet benefit

答案:B

15. The private sector will not provide for a public good or service due to (　　).

(A) the income effect

(B) the interest-rates effect

(C) the free-rider problem

(D) spillover costs

答案:C

16. A positive externality will exist when (　　).

(A) all consumers receive an equal share of economic resources

(B) spillover costs are given to others not directly involved in the consumption or production of a good or service

(C) the production of a good or service creates a spillover benefit

(D) when members of a community pay for a good or service while others do not yet benefit

答案:C

17. If producers of a good or service allocate their resources, then (　　).

(A) a negative externality exists

(B) a positive externality exists

(C) spillover costs are subsidized by the government

(D) the firm is at the shutdown point

答案:A

18. Which of the following illustrate a public good?

Ⅰ. Firefighters　　Ⅱ. Traffic lights　　Ⅲ. A bean burrito

(A) Ⅰ only

(B) Ⅰ and Ⅱ

(C) Ⅰ, Ⅱ, and Ⅲ

(D) Ⅱ and Ⅲ

答案:B

19. If education produces positive externalities, we would expect (　　).

(A) the government to tax education

(B) the government to subsidize education

(C) people to realize the benefits, which would increase the demand for education

(D) the government should carry out free education for all people

答案:B

20. Which of the following best defines the situation where one firm's research yields knowledge that is used by society as a whole?

(A) Opportunity cost

(B) Social cost

(C) Technology policy

(D) Technology spillover

答案:D

Application (Group Discussion):

Facing the increasing trend of large amount of pollutants in the sea, different countries all around the wonld had issued a vaniety of rules and regulations to control the situation properly. From the economic point of view, what kinds of actions can be taken to help solve the pollution in the ocean? List the appropriate solutions and reasons after the proper discussion in small studying groups.

参 考 文 献

[1] 曼昆. 经济学原理(微观经济学分册)[M]. 7 版. 梁小民,梁砺,译. 北京:北京大学出版社,2015.

[2] 萨缪尔森,诺德豪斯. 微观经济学[M]. 萧琛,译. 北京:人民邮电出版社,2012.

[3] 马歇尔. 经济学原理[M]. 宇琦,译. 湖南:湖南文艺出版社,2012.

[4] 泰勒. 斯坦福极简经济学[M]. 林隆全,译. 湖南:湖南人民出版社,2015.

[5] 基什特尼. 耶鲁大学:经济学通识课[M]. 张缘,刘婧,译. 北京:民主与建设出版社,2017.

[6] 海恩. 经济学的思维方式[M]. 史晨,译. 北京:机械工业出版社,2015.

[7] 克莱尔. 微观经济学理论(上下册)[M]. 曹乾,译. 北京:中国人民大学出版社,2014.

[8] 高鸿业. 西方经济学:微观部分[M]. 7 版. 北京:中国人民大学出版社,2018.

[9] 高鸿业. 西方经济学:微观部分(学习手册)[M]. 7 版. 北京:中国人民大学出版社,2018.

[10] 欧瑞秋,王则柯. 图解微观经济学(修订版)[M]. 北京:中国人民大学出版社,2014.

[11] 李子旸. 经济学思维[M]. 北京:中国友谊出版公司,2016.

[12] 陈晋. 哈佛大学经济课[M]. 北京:民主与建设出版社,2018.

[13] 原千晶. MWG 微观经济学理论习题解答[M]. 北京:中国人民大学出版社,2016.

[14] 张顺. 微观经济学习题集[M]. 北京:中国人民大学出版社,2015.

[15] 尹伯成. 现代西方经济学习题指南[M]. 上海:复旦大学出版社,2017.

[16] 斯凯恩. 哈佛极简经济学:如何理性思考感性选择[M]. 江西:江西人民出

版社,2017.

[17] 北京新东方学校 AP 教研中心. AP 微观经济学[M]. 北京:群言出版社,2011.

[18] 李世杰,刘胜利. AP 宏微观经济学基础教程[M]. 北京:中国人民大学出版社,2013.

[19] 埃里克. 新东方 AP 微观经济学 5 分制胜[M]. 西安:西安交通大学出版社,2016.

[20] 马斯格雷夫,卡克皮尔,雷德尔斯海默. Barron's 巴朗 AP 经济学[M]. 5 版. 北京:世界图书出版公司,2016.

[21] GREGORY MANKIW N. Principles of Economics[M]. California: South-Western College Pub,2014.

[22] ALFRED MILL. Economics 101[M]. Massachusetts:Adams Media Corporation,2016.

[23] EDGAR K. Microeconomic Theory And Applications[M]. New York:Harper Collins,2012.

[24] HASHIMZADE N, MYLES G. A Dictionary of Economics[M]. Oxford: OUP Oxford,2017.